T0328549

Mouvements sociaux des femmes au Sénégal

Ce livre est issu du programme collaboratif entre le CODESRIA, l'UNESCO et ONUFEMMES sur deux études de cas portant sur « Mouvements Sociaux des Femmes » et « Violences Basées sur le Genre ».

IN MEMORIAM

Ce livre est dédié à la mémoire de la regrettée Dr Ndèye Sokhna Guèye qui a dirigé les travaux de recherche de ce livre. Elle est décédée le 4 Juin 2014 quelque temps après en avoir assuré et terminé la compilation.

Mouvements sociaux des femmes au Sénégal

Sous la direction de

Ndèye Sokhna Guèye

Conseil pour le développement de la recherche en sciences sociales en Afrique
DAKAR

© CODESRIA 2015
Conseil pour le développement de la recherche en sciences sociales en Afrique
Avenue Cheikh Anta Diop Angle Canal IV
BP 3304 Dakar, 18524, Sénégal
Site web: www.codesria.org

ISBN: 978-2-86978-634-9

Mise en page : Alpha Ousmane Dia
Couverture : Ibrahima Fofana

Distribué en Afrique par le CODESRIA
Distribué ailleurs par African Books Collective
www.africanbookscollective.com

Le Conseil pour le développement de la recherche en sciences sociales en Afrique (CODESRIA) est une organisation indépendante dont le principal objectif est de faciliter et de promouvoir une forme de publication basée sur la recherche, de créer plusieurs forums permettant aux chercheurs africains d'échanger des opinions et des informations. Le Conseil cherche ainsi à lutter contre la fragmentation de la recherche dans le continent africain à travers la mise en place de réseaux de recherche thématiques qui transcendent toutes les barrières linguistiques et régionales.

Le CODESRIA publie une revue trimestrielle, intitulée *Afrique et Développement*, qui est la plus ancienne revue de sciences sociales basée sur l'Afrique. Le Conseil publie également *Afrika Zamani* qui est une revue d'histoire, de même que la *Revue Africaine de Sociologie* ; la *Revue Africaine des Relations Internationales* (AJIA) et la *Revue de l'Enseignement Supérieur en Afrique*. Le CODESRIA co-publie également la *Revue Africaine des Médias*; *Identité, Culture et Politique : un Dialogue Afro-Asiatique* ; *L'Anthropologue africain*, la *Revue des mutations en Afrique*, *Méthod(e)s : Revue africaine de méthodologie des sciences sociales* ainsi que *Sélections Afro-Arabes pour les Sciences Sociales*. Les résultats de recherche, ainsi que les autres activités de l'institution sont aussi diffusés à travers les « Documents de travail », le « Livre Vert », la « Série des Monographies », la « Série des Livres du CODESRIA », les « Dialogues Politiques » et le Bulletin du CODESRIA. Une sélection des publications du CODESRIA est aussi accessible au www.codesria.org

Le CODESRIA exprime sa profonde gratitude à la Swedish International Development Corporation Agency (SIDA), au Centre de Recherches pour le Développement International (CRDI), à la Ford Foundation, à la Carnegie Corporation de New York (CCNY), à l'Agence norvégienne de développement et de coopération (NORAD), à l'Agence Danoise pour le Développement International (DANIDA), au Ministère des Affaires Etrangères des Pays-Bas, à la Fondation Rockefeller, à l'Open Society Foundations (OSFs), à TrustAfrica, à l'UNESCO, à l'ONU Femmes, à la Fondation pour le renforcement des capacités en Afrique (ACBF) ainsi qu'au Gouvernement du Sénégal pour le soutien apporté aux programmes de recherche, de formation et de publication du Conseil.

Table des matières

Liste des sigles et acronymes vii
Liste des tableaux et figures xiii
Les auteurs xiv
Remerciements xv
Préface xvii
Introduction générale xxi

Introduction de l'étude 1

1. Cadre de l'étude 5

   Cadre théorique 5
   Cadre conceptuel 12
   Cadre méthodologique 15
   Contexte socioéconomique et politique 21

2. Résultats de la recherche 27

   Profil des organisations de femmes 27
   Constitution des organisations de femmes en mouvements sociaux :
   représentations et réalités 41

3. Evaluation des organisations de femmes 83

   Acquis des organisations/mouvements de femmes 83
   Forces et faiblesses des organisations de femmes 89
   Opportunités et menaces 101

4. Conclusion 115

**5. Recommandations pour le renforcement des capacités des organisations
   et mouvements sociaux de femmes** 119

Notes 127
Références 133
Annexes 143

Listes des sigles et acronymes

ABACED	Association des Bacheliers pour l'Emploi et le Développement
ACA	Association Conseil pour l'Action
ACDI	Agence Canadienne de Développement International
ADEFAP	Association pour le Développement des Femmes Avicultrices de Pikine
ADFES	Association pour le Développement de la Femme et de l'Enfant au Sénégal
AFAO	Association des Femmes de l'Afrique de l'Ouest
AFARD	Association des Femmes Africaines pour la Recherche et le Développement
AFEE	Association Femme – Enfant – Environnement
AFEME	Association des Femmes de la Médina
AFJ	Amicale des Femmes Juristes
AFOM	Atouts, Faiblesses, Opportunités et Menaces
AFP	Alliance des Forces du Progrès
AJ/PADS	And-Jëf/Parti Africain pour la Démocratie et le Socialisme
AJAC Lukaal	Association des Jeunesses Agricoles de Casamance Lukaal
AJAEDO	Association des Jeunes Agriculteurs et Eleveurs du Département d'Oussouye
AJS	Association des Femmes Juristes Sénégalaises
A Jëf-Jël	Alliance pour le Progrès et la Justice / Jëf-Jël
ALTERCOM	Association pour les Femmes et la Communication
ANAFA	Association Nationale pour l'Alphabétisation et la Formation des Adultes
ANDS	Agence Nationale de la Statistique et de la Démographie
ANHMS	Association Nationale des Handicapés Moteurs du Sénégal
ANSEF	Armenian National Science and Educational Foundation
ANSFES	Association Nationale des Sages-Femmes d'Etat du Sénégal
AOF	Afrique Occidentale Française
APAC	Association des Professionnelles Africaines de la Communication
APROFES	Association pour la Promotion de la Femme Sénégalaise

APS	Agence de Presse Sénégalaise
ASBEF	Association Sénégalaise pour le Bien-Être Familial
ASDES	Association Sénégalaise pour le Développement Equitable et Solidaire
ASP	Association pour la Solidarité et la Paix
AWID	Association for Women's Rights in Development/Association pour les Droits de la Femme et le Développement
BDS	Bloc Démocratique Sénégalais
BAD	Banque Africaine de Développement
BCG	Bloc des Centristes Gaïndé
BPS	Bloc Populaire Sénégalais
CUDAFC	Coordination des Unions Diocésaines des Associations Féminines Catholiques du Sénégal
CADEF	Comité d'Action pour les Droits de l'Enfant et de la Femme, Africa/ Sénégal
CAEDHU	Centre Africain pour l'Education aux Droits Humains
CATW-Afrique	Coalition Africaine contre le Trafic des Femmes
CDP Garab gui	Convention des Démocrates et des Patriotes Garab gui
CECI	Centre d'Etudes Canadien et de Coopération Internationale
CECS	Coordination des Etudiants Catholiques du Sénégal
CEDEF	Convention des Nations Unies sur l'Elimination de toutes Formes de Discrimination à l'égard des Femmes
CESTI	Centre d'Etudes des Sciences et Techniques de l'Information
CFM	Collectif des Femmes Musulmanes
CIJ/RADI	Centre d'Information Juridique du RADI/CIJ
CIRCOFS	Collectif Islamique pour la Réforme du Code de la Famille du Sénégal
CNS	Contre les Pratiques Traditionnelles Néfastes
CJCRS	Collectif des Jeunes Chefs Religieux du Sénégal
CLVF	Comité de Lutte contre les Violences faites aux Femmes
CNTS	Confédération Nationale des Travailleurs du Sénégal
CODESRIA	Conseil pour le Développement de la Recherche en Sciences Sociales en Afrique
COFDEF	Collectif des Femmes pour la Défense de l'Enfant et de la Famille
CDLUNS	Collectif pour la Défense de la Laïcité et de l'Unité Nationale au Sénégal
CONAF	Comité National pour l'Alphabétisation
CONGAD	Conseil des Organisations Non Gouvernementales d'Appui au Développement

COSAPERE	Collectif Sénégalais des Africaines pour la Promotion de l'Education Relative à l'Environnement
COSEF	Conseil Sénégalais des Femmes
COSEPRAT	Comité Sénégalais sur les Pratiques Traditionnelles ayant effet sur la Santé de la Mère et de l'Enfant
CRSFPC/ USOFORAL	Comité Régional de Solidarité des Femmes pour la Paix en Casamance/Usoforal
DSRP2	Document de Stratégie pour la Croissance et la Réduction de la Pauvreté
EDS IV	Enquête Démographique et de Santé au Sénégal IV
ENDA PRONAT	Environnement et Développement du Tiers Monde/ Protection Naturelle des Cultures
ENDA	Environnement et Développement du Tiers Monde
FAFS	Fédération des Associations Féminines du Sénégal
FAO	Food and Agriculture Organization of the United Nations/ Organisation des Nations Unies pour l'Alimentation et l'Agriculture
FAS	Femme Africa Solidarité
FAWE	Forum for African Women Educationalists/Forum des Educatrices Africaines
FC	Forum Civil
FCD	Fonds Canadien de Développement
FDEA	Femmes, Développement, Entreprise en Afrique
FEMNET	The African Women's Development and Communication Network/ Réseau de Développement et de Communication pour les Femmes Africaines Point Focal Sénégal
FEPRODES	Fédération des Productrices de Delta du Sénégal
FFP	Forum des Femmes pour la Paix
FGPF	Fédération de Groupement de Promotion Féminine
FRGPF	Fédération Régionale des Groupements de Promotion Féminine
FSAPH	Fédération Sénégalaise des Personnes Handicapées
GIE	Groupements d'Intérêt Economique
GOANA	Grande Offensive Agricole pour la Nourriture et l'Abondance
GPF	Groupements de Promotion Féminine
GRDR	Groupe de Recherche et de Réalisations pour le Développement Rural
GREF	Groupe de Recherches, d'Etudes et Formation
GREFELS	Groupe de Recherche sur les Femmes et les Lois au Sénégal

GTAF	Groupe Technique pour l'Alphabétisation Fonctionnelle
IDHP	Institut des Droits de l'Homme et de la Paix
IFUCAD	Intersyndicale des Femmes de l'UCAD
JOC-F	Jeunesse Ouvrière Chrétienne-Féminine
LD/MPT	Ligue Démocratique/Mouvement pour le Parti du Travail
M23	Mouvement du vingt-trois juin
MFASSN	Ministre de la Femme, de l'Action Sociale et de la Solidarité Nationale
MFDC	Mouvement des Forces Démocratiques de la Casamance
MFEF	Ministère de la Femme, de l'Enfant et de la Famille
MFSN	Ministère de la Famille et de la Solidarité Nationale
MGF	Mutilations Génitales Féminines
MOFEPAC	Mouvement des Femmes pour la Paix en Casamance
NDI	Institut National Démocratique
NEPAD	Nouveau Partenariat pour le Développement de l'Afrique
OMD	Objectifs du Millénaire pour le Développement
ONG	Organisation Non Gouvernementale
ONP	Observatoire National pour la Parité
ORGENS	Observatoire pour les Relations de Genre
OSIWA	Open Society Initiative for West Africa
P.A.S	Politiques d'Ajustement Structurel
PSS	Parti Socialiste Sénégalais
PAGPF	Projet d'Appui aux Groupements de Promotion Féminine
PAI	Parti Africain de l'Indépendance
PANAF	Programme National d'Action de la Femme
PAPA	Projet d'Appui au Plan d'Action en matière d'Alphabétisation et d'Education non Formelle
PAPF	Projet Alphabétisation Priorité Femme
PARENA	Parti pour la Renaissance Africaine
PDPF	Promotion des Droits et Renforcement du Pouvoir des Femmes
PDRH	Programme de Développement des Ressources Humaines/ Composante Femme
PDS	Parti Démocratique Sénégalais
PELCP	Programme Elargi de Lutte contre la Pauvreté
PFCP	Plateforme des Femmes de la Casamance pour la Paix
PIT	Parti de l'Indépendance et du Travail
Plan REVA	Plan de Retour Vers l'Agriculture
PNUD	Programme des Nations Unies pour le Développement

PC	Présence Chrétienne
PROCAS	Programme d'Appui au Développement Socioéconomique pour la Paix en Casamance
PROFEMU	Programme des Femmes en Milieu Urbain
PS	Parti Socialiste
RDA	Rassemblement Démocratique Africain
RADDHO	Rencontre Africaine pour les Droits de l'Homme
RADI	Réseau Africain pour le Développement Intégré
RADI/CIJ	Réseau Africain pour le Développement Intégré/ Centre d'Information Juridique
RAFAO	Renaissance Africaine des Femmes de l'Afrique de l'Ouest
RAFET	Réseau Africain pour la Promotion de la Femme Travailleuse
RASEF	Réseau Africain pour le Soutien à l'Entrepreneuriat Féminin
RECIDDHUP	Réseau Citoyenneté Démocratie et Droits Humains
RND	Rassemblement National Démocratique
RPS/JR	Rassemblement Patriotique Sénégalais/Jammi Rewmi
RSJ	Réseau Siggil Jigeen
SES	Situation Economique et Sociale du Sénégal
SFIO	Section Française de l'Internationale Ouvrière
SNEEG	Stratégie Nationale pour l'Egalité et l'Equité de Genre au Sénégal
SNTP/POSTE	Syndicat National des Travailleurs de la Poste
SWAA	Society for Women and Aids in Africa
SWOT	Strengths, Weaknesses, Opportunities, Threats
UDS	Union Démocratique Sénégalaise
UDEN	Union Démocratique des Enseignants
UDF/Mboolo-mi	Union pour la Démocratie et le Fédéralisme/ Mboolo-mi
UFCS	Union des Femmes Catholiques du Sénégal
UFS	Union des Femmes du Sénégal
UGTAN	Union Générale des Travailleurs du Sénégal
UNESCO	Organisation des Nations Unies pour l'Education, la Science et la Culture
UNICEF	Fonds des Nations Unies pour l'Enfance
UNDEF/ FNUAP	United Nations Development Fund for Women/Fonds de Développement des Nations Unies pour la Femme
UNIFEM	Fonds des Nations Unies pour la Femme
UNSAS	Union Nationale des Syndicats Autonomes du Sénégal
UNSAS	Union Nationale des Syndicats Autonomes du Sénégal
UPS	Union Progressiste Sénégalaise

URD	Union pour le Renouveau Démocratique
USE	Union Sénégalaise d'Entraide
WANEP Sénégal	West African Network for Peace Building/Réseau Ouest-Africain pour l'Edification de la Paix
WILDAF/FEDDAF	Women in Law and Development in Africa/ Femmes, Droit et Développement en Afrique
WLUML	Women Living Under Muslim Laws/ Femmes Vivant sous Lois Musulmanes
Yewwu Yewwi PLF	Yewwu Yewwi Pour la Libération des Femmes

Liste des tableaux et figures

Tableaux

Tableau 1. Sites et cibles..19

Tableau 2. Représentativité des activités dans les groupements féminins à Dakar...34

Tableau 3. Récapitulatif des forces et faiblesses...................................97

Tableau 4. Opportunités et menaces..111

Figures

Figure 1. Statut juridique des organisations de femmes........................30

Figure 2. Représentativité des activités dans les associations de femmes à Dakar...37

Les auteurs

Ndèye Sokhna Guèye, chercheure, laboratoire d'archéologie, Département des Sciences humaines, IFAN Cheikh Anta Diop.

Fatoumata Camara, doctorante au Département d'Histoire de l'Université Cheikh Anta Diop.

Cheikh Oumar Kanté, doctorant au Département d'Histoire de l'Université Cheikh Anta Diop.

Ibrahima Hann, doctorant au Département d'Histoire de l'Université Cheikh Anta Diop.

Alpha Bâ, doctorant en sociologie à l'Université Gaston Berger de Saint-Louis.

Remerciements

L'équipe de recherche tient à exprimer sa profonde gratitude aux institutions qui ont rendu possible cette étude sur « le mouvement social des femmes ». Il s'agit notamment de l'UNESCO-Breda, du CODESRIA et de l'ONU-FEMMES dont les appuis scientifiques et financiers ont été d'un apport décisif pour mener à bien cette recherche.

Nous adressons aussi nos vifs remerciements à toutes les personnes qui se sont gracieusement prêtées à nos interviews et ont répondu à notre questionnaire. Leur intérêt et leur disponibilité ont permis la réalisation de l'étude.

Nous exprimons également notre gratitude à Mesdames Khady Tall Fall (RAFAO), Oumoul Khaïry Ndiaye (Ministère de la Femme) et Odile Ndoumbé Faye (AFARD) qui ont discuté les résultats de cette recherche. Leurs remarques fort pertinentes ainsi que les commentaires instructifs des autres participants présents à l'atelier de validation ont permis d'améliorer la qualité de l'étude.

Préface

Les différents pays constitutifs du Bureau Multisectoriel de l'UNESCO basé à Dakar (Burkina Faso, Cap-Vert, Gambie, Guinée-Bissau, Mali, Niger et Sénégal,) ont tous ratifié la Convention des Nations Unies pour l'Elimination de Toutes les Formes de Discrimination à l'égard des Femmes (CEDEF/CEDAW) et affirmé leur volonté de faire avancer les questions de genre. Ils disposent aussi d'un arsenal de politiques et stratégies visant à rendre effectif le droit des femmes à avoir les mêmes chances de participer au développement national et de jouir, à égalité, des bénéfices générés.

Toutefois, les initiatives de promotion de l'égalité et l'équité de genre connaissent, généralement, des résultats mitigés. Même dans les espaces où l'on note des progrès plus ou moins notables, il reste à évaluer l'impact réel des mesures prônées sur le vécu des femmes et de la société en général. Les avancées relatives à l'effectivité du droit des femmes de siéger, à égalité, dans les instances de décisions sont particulièrement timides et, partout dans la région, les femmes et les filles continuent de subir des violences multiformes basées sur le genre.

Consciente de sa vocation d'être un laboratoire d'idée au sein de l'UNESCO, dont le Genre est l'une des priorités globales, la section en charge des Sciences Humaines et Sociales (SHS) du Bureau de Dakar a eu une action continue dans ce champ épistémologique. Elle a ainsi mené plusieurs études, visant non seulement à questionner l'efficacité des politiques, des programmes et des pratiques relatives à la promotion féminine dans la région, mais aussi à anticiper la réflexion sur les conséquences réelles ou potentielles des mesures prônées sur l'équilibre de l'ordre sociétal.

C'est dans cette historicité que s'inscrivent les présentes études, initiées en 2011. Elles ont été conjointement menées avec le CODESRIA dont la vocation, qui est de promouvoir la recherche multidisciplinaire en sciences sociales en Afrique, est en parfaite congruence avec le mandat de notre institution. Ces études ont bénéficié de l'appui financier de l'ONUFEMMES, notre partenaire naturel et solidaire dans la famille onusienne. Les Commissions Nationales pour l'UNESCO des trois pays ont apporté un soutien efficace au processus. Elles ont apporté une contribution notable à la réflexion et assumé tous les aspects logistiques.

Il s'agit de deux processus de recherche incluant deux études de cas portant respectivement sur une analyse des atouts, des faiblesses, des opportunités et des menaces sur « le Mouvement Social des Femmes », d'une part, et sur, les « Violences Basées sur le Genre » (VBG/GBV), d'autre part. Elles ont été réalisées au profit de trois pays représentatifs de l'Afrique de l'Ouest, à savoir la Gambie, anglophone, la Guinée-Bissau, lusophone et le Sénégal, francophone.

Dans un contexte où la problématique des droits des femmes a beaucoup gagné en visibilité mais aussi, paradoxalement, celle des VBG, le but des études était d'évaluer la capacité réelle des mouvements féminins à garantir les acquis de notre combat pour l'égalité des sexes, à endiguer les violences basées sur le genre, et à ouvrir des horizons nouveaux, comme celui de la parité dans les fonctions électives, qui est devenue une réalité au Sénégal.

Ces études, qui s'inscrivent dans le cadre du programme phare de « Gestion des Transformations Sociales » de l'UNESCO, plus connu sous son sigle « MOST » ou « Management of Social Transformations », ont été conduites dans une perspective résolument participative. Elles ont ainsi répondu à la préoccupation explicite de faire du processus de production des connaissances, un prétexte pour alimenter un dialogue fécond entre les protagonistes (décideurs, chercheurs, société civile) et de s'assurer ainsi de l'appropriation des résultats par toutes les parties prenantes.

Au regard des résultats, la première étude a permis de mieux cerner la problématique et les trajectoires spécifiques des mouvements féminins, leurs profils sociologiques, leurs démarches revendicatives, leurs objectifs et les principaux intérêts qu'elles défendent. Les analyses confirment que du point de vue des données comme dans la réalité des faits, en dépit de la volonté politique partout exprimée et des efforts conjugués des gouvernements, des institutions internationales et de la société civile, les inégalités sont encore patentes dans les pays concernés, comme ailleurs en Afrique, tant dans la sphère publique que dans la sphère privée. Le mouvement des femmes gagnerait à être fortifié et surtout à « re-politiser » sa base d'action pour mieux peser sur l'orientation des transformations sociales en cours dans la région.

La deuxième étude, quant à elle, a largement contribué à renforcer la base de connaissance sur ce phénomène social en expansion, ses fondements multidimensionnels, ses diverses formes et les modalités les plus idoines pour l'éradiquer. L'étude de cas sur la Guinée-Bissau s'est notamment appesantie sur les violences qui ont comme cadre le milieu académique, ironiquement cristallisées, par l'appellation triviale de «NST», pour ne pas dire les « Notes Sexuellement Transmises ».

C'est dire l'importance de l'apport et l'utilité de ces études sur la situation et le combat des femmes dans ce contexte particulier du néolibéralisme qui voit l'Afrique devenir un enjeu prioritaire pour les acteurs du marché mondial, mais aussi par rapport aux dynamiques internes en cours sur le continent. Si la mondialisation a créé beaucoup d'opportunités pour les femmes, ouvert des espaces qui leur ont permis de mieux défendre leurs droits, elle a aussi beaucoup œuvré à leur paupérisation.

Ces études sont également importantes du point de vue de l'éclairage qu'elles apportent aussi bien aux décideurs qu'aux mouvements des femmes eux-mêmes, car si les femmes africaines sont des facteurs de changement, elles font face à de nombreuses contraintes qui, d'une part, pèsent sur le respect de leur dignité du fait des violences basées sur le genre, et, d'autre part, érodent leurs capacités de mobilisation pour exiger les transformations sociales nécessaires.

En réalisant ces études, l'UNESCO, le CODESRIA et ONUFEMMES mettent entre les mains des femmes, des organisations de la société civile et des décideurs politiques des informations capitales, qui contribueront, sans nul doute, à renforcer la citoyenneté féminine, à élargir leurs espaces de liberté et à donner plus d'effectivité à leur dignité.

Ann Therese Ndong-Jatta
Directrice Régionale
UNESCO

Ebrima Sall
Secrétaire Exécutif
CODESRIA

Josephine Odera
Directrice
ONUFEMMES

Introduction générale

Mouvement social des femmes

Etudes de cas : Sénégal, Gambie et Guinée-Bissau

Les études sur le mouvement social des femmes et sur les violences basées sur le genre ont été initiées par l'UNESCO et conjointement menées avec le CODESRIA. Le projet a reçu le soutien financier de ONUFEMMES. Dans les trois pays concernés, le processus a bénéficié de l'appui technique et logistique des Commissions Nationales pour l'UNESCO, (COMNAT).

Conformément aux options stratégiques de l'UNESCO qui a érigé le Genre et l'Afrique au titre de priorités globales, la section SHS de Dakar a apporté une contribution notable aux UNDAFs. Pendant les années précédentes, elle a, entre autres, entrepris l'analyse de la situation des mécanismes en charge des femmes (2009) et la formation des équipes de formulation des politiques économiques (DRSP, DPES, etc.) sur l'approche basée sur les droits de l'Homme (HRBA) et la « transversalité du genre » (gender mainstreaming) dans des pays comme la Côte d'Ivoire (2009-2010), le Sénégal et le Cap-Vert (2010). En 2010, une étude sur les migrations féminines au Sénégal a été finalisée et un policy brief élaboré. Des fonds ont aussi été alloués à SHS Bujumbura pour accompagner les femmes burundaises dans l'organisation des élections nationales et produire un compact dans ce sens. C'est dans cette historicité que s'inscrivent les présentes études initiées en 2011.

Le CODESRIA a très tôt opté pour la prise en charge du genre en termes de paradigme et de théories dans les sciences sociales, ce qui, du reste, est matérialisé par la publication d'un ouvrage fondateur : Engendering African Social Sciences (Engendrer les sciences sociales en Afrique).

Rendre les sciences sociales non seulement plus sensibles à la dimension genre des réalités et dynamiques sociales, mais également plus aptes à analyser les rapports de genre qui sont des rapports de pouvoir irriguant toute la vie sociale, telle est en effet la tâche à laquelle le CODESRIA s'attelle depuis les années quatre-vingt.

Au niveau institutionnel, divers mécanismes ont été développés et ont trait à la formation (Institut sur le genre), à la recherche (groupes de travail et symposium annuel sur le genre), et à la publication (la collection sur le genre) pour parvenir à un ancrage et une transversalité du genre dans les sciences sociales.

Dépositaire du mandat explicite d'assurer la promotion des femmes au sein du Système des Nations Unies (SNU), ONUFEMMES s'investit quotidiennement dans cette action. Elle a ainsi appuyé la mise en place et l'exécution de la Feuille de route sur l'intégration du genre dans le Document de Politique Economique et Sociale qui a abouti à une parfaite prise en compte de la dimension genre par la 3e génération de DSRP au Sénégal. Par ailleurs, ONUFEMMES s'est aussi investi dans la prise en compte des besoins et intérêts différenciés des femmes et des hommes par les stratégies de développement et les UNDAF de la Guinée-Bissau, du Cap-Vert et du Sénégal.

Ces trois institutions partenaires ont choisi de mener les études dans trois pays anglophone, lusophone et francophone, qui, par leurs aventures coloniales et leurs évolutions politiques et institutionnelles, sont plus ou moins les représentatifs de l'Afrique de l'Ouest. La Guinée-Bissau, la Gambie et le Sénégal, bien que présentant une continuité géographique, une promiscuité sociale et culturelle, sont aussi différents en termes de langues officielles (français au Sénégal, anglais en Gambie, portugais en Guinée-Bissau) et aussi par la pluralité de leurs trajectoires politiques et institutionnelles.

En dépit de leur poids démographique, les femmes sont encore marginalisées dans les secteurs clefs de l'économie. Comparativement aux hommes, elles sont moins instruites, (souvent pour des raisons culturelles), moins rémunérées, plus nombreuses à travailler dans le secteur informel, avec un taux de précarité et de vulnérabilité plus important. Face à la mondialisation néolibérale, elles sont les plus grandes victimes des crises économiques, financières et politiques. Au plan sociopolitique, elles continuent à faire l'objet de violences multiples et multiformes et sont encore très peu à participer à la prise des décisions régissant leurs vies et leur société. Par ailleurs, la division sociale du travail dans les ménages conforte, plus que jamais, l'invisibilité des tâches liées à leur rôle de reproduction.

Face à l'incapacité des gouvernements, majoritairement constitués d'hommes, à apporter des réponses idoines à cette situation, les mouvements des femmes et les organisations féminines se sont multipliés pour lutter contre cette marginalisation. Ces organisations qui se positionnent, aujourd'hui, comme un interlocuteur majeur des institutions publiques, se soumettent régulièrement à un exercice de revendication légitime des droits citoyens avec un agenda qui se complexifie de plus en plus. Aux préoccupations liées à la fonction de reproduction s'ajoutent désormais des revendications plus globales incluant notamment une participation effective à la gouvernance économique et politique des Etats.

Parce qu'elles sont les principales victimes des inégalités sociales, leur revendication d'accéder aux instances de décision s'est muée récemment en une exigence de partage équitable du pouvoir entre hommes et femmes. Le concept de la parité est aujourd'hui au centre des préoccupations citoyennes et témoigne, d'une certaine façon, de l'ampleur de la démocratisation de nos sociétés, du chemin parcouru et de celui qui reste à faire.

Dans un tel contexte où la question des droits de la femme a beaucoup gagné en visibilité et, paradoxalement, aussi celle des violences basées sur le genre, il y a lieu non seulement de questionner l'efficacité des actions entreprises par les décideurs publics et les organisations féminines pour endiguer les VBG et promouvoir les droits humains des femmes, mais aussi d'anticiper la réflexion sur les conséquences réelles ou potentielles des mesures prônées sur l'équilibre de l'ordre sociétal. Les institutions partenaires ont ainsi opté pour mener deux processus de recherches comparatives, subdivisés en six études de cas – deux par pays –, qui ont été conduites par six équipes nationales distinctes bien qu'abordant des problématiques complémentaires.

Ces études qui s'inscrivent dans le cadre du programme phare de Gestion des Transformations Sociales de l'UNESCO, plus connu sous son sigle MOST (Management of Social Transformation), ont été conduites dans une perspective résolument participative. Adossées sur la méthodologie développée dans le cadre du MOST (qui veut dire « Pont » dans une langue slave), elles ont combiné leur visée production de connaissances à la préoccupation de construire des ponts entre les différents protagonistes (décideurs, chercheurs, société civile) et de s'assurer ainsi de l'appropriation progressive des résultats à travers, notamment, un dialogue fécond entre les parties prenantes.

Ainsi, préalablement à leur mise en œuvre, les chercheurs et les principaux acteurs ont été réunis, à Dakar, en vue de consolider leur vision commune et de décider, ensemble, des options méthodologiques. De même, les résultats ont été partagés dans le cadre de trois ateliers nationaux de restitution qui ont aussi constitué des temps forts du dialogue initié. Dans chaque pays, l'atelier national a permis aux acteurs de se prononcer sur le diagnostic et de retenir des actions stratégiques pouvant concourir à endiguer les violences faites aux femmes et à l'effectivité du droit des femmes à prendre une part égale au processus de décision.

Le but de la première étude était de diagnostiquer la situation actuelle du mouvement en avant des femmes, à travers, notamment, l'analyse de ses « Atouts – Faiblesses – Opportunités – Menaces » (AFOM) ou SWOT en anglais (Strengths – Weaknesses – Opportunities – Threats), 16 ans après Beijing, en vue de déterminer son potentiel réel à encadrer les transformations en cours et à les orienter dans le sens souhaité. Plus précisément, il s'agissait surtout de chercher à en savoir un peu plus sur les organisations ciblées, leurs profils sociologiques, leurs démarches revendicatives, leurs objectifs et les principaux intérêts qu'elles défendent et de savoir si, en fin de compte, on doit parler ou non de « mouvement social » des femmes, au regard de l'orthodoxie théorique et des préalables admis par les théoriciens des mouvements sociaux.

Plusieurs questions ont été abordées par les études menées dans les trois pays : Quelles sont les principales organisations et comment se sont-elles constituées ? Qui les anime ? Ont-elles un fonctionnement démocratique ? Quels sont leurs agendas ? Quel discours véhiculent-t-elles ? Ces organisations incarnent-elles la conscience des femmes ou ne sont-elles que des cadres initiés pour capter des ressources ? Et les femmes qui en sont potentiellement bénéficiaires se reconnaissent-elles en elles?

Les résultats de cette étude ont permis de mieux comprendre la trajectoire du mouvement féminin dans chaque pays concerné, ses forces, ses faiblesses et d'avoir une appréciation critique et intelligente de leurs pratiques pour pouvoir procéder aux réajustements nécessaires en fonction des atouts et menaces identifiés. La réflexion portant sur des terrains différents a montré, à travers une analyse diachronique et synchronique des mobilisations de femmes, une périodisation plus ou moins marquée du mouvement social des femmes avec la séquence coloniale, celle des indépendances et celle des années 90 avec la libéralisation politique. Les études ont aussi mis en exergue le fait que même si la mobilisation à but économique a perduré à travers l'histoire, aujourd'hui les femmes se mobilisent pour une diversité de causes : la paix, la parité, le code de la famille, les violences. L'un des enseignements les plus instructifs de l'étude sur le mouvement social féminin est sans doute la mise en évidence de la fragmentation et, dans un certain sens aussi, l'essoufflement de ce dernier.

Cette étude confirme que si la volonté politique de promouvoir les femmes et l'égalité de genre s'est exprimée, en Gambie, en Guinée-Bissau comme dans les autres pays de la région ouest-africaine, à travers la mise en place de mécanismes et de différentes stratégies visant à améliorer la représentation politique des femmes, c'est au Sénégal qu'elle s'est matérialisée de la façon la plus audacieuse, avec le vote de la loi instaurant la parité intégrale dans les institutions électives. Ainsi, bien au-delà des frontières de ce pays, la loi sénégalaise sur la parité a suscité l'espoir d'arriver à une plus grande visibilité des femmes dans les instances politiques. Or, s'il est légitime d'espérer que l'effectivité d'une telle loi pourrait avoir une forte portée sociologique, en tant qu'accélérateur des transformations sociales, force est de noter que la pérennité des avancées dépendra essentiellement de la capacité des femmes et de leurs alliés à défendre leurs acquis face aux forces conservatrices organisées et proactives qui s'expriment à l'échelle de la société globale.

Au regard de l'étude, les stratégies de promotion de l'égalité de genre connaissent non seulement des résultats mitigés, mais même là où les avancées sont notables, l'impact réel des mesures prônées sur le vécu des femmes et de la société en général doit être confirmé. Dans les trois pays, le mouvement social des femmes a pu faire montre d'une capacité de mobilisation, de contestation pour un objectif de transformation sociale, mais, chemin faisant, n'a-t-il pas perdu de sa substance politique ? Ne s'est-il pas départi d'une forme de radicalité qui est impérative dans le travail de transformation de la société ? Il est pourtant établi que le quotidien des femmes ne changera pas tant que leur pratique ne sera pas accompagnée du travail de théorisation qui lui donne un sens ; cette fonction indispensable qui permet de saisir les enjeux et de transformer la réalité sociale en fonction de ces enjeux.

La deuxième étude a porté sur les violences basées sur le genre (VBG) au Sénégal, en Gambie et en Guinée-Bissau. Elle visait à renforcer la base de connaissance sur ce phénomène social en expansion, ses fondements multidimensionnels, ses diverses formes et les modalités les plus idoines pour les éradiquer. La visibilité, depuis trois décennies, de la question des violences basées sur le genre (violences domestiques et sexuelles, rites de veuvage, lévirat, mariages forcés et précoces, mutilations génitales féminines, violences et, notamment, viols lors des conflits…) peut être considérée comme un indicateur pertinent de la démocratisation de nos sociétés, de l'appropriation de la culture des droits de la personne humaine, mais surtout de l'avancée de la lutte des femmes. En effet, le fait pour le mouvement féministe d'avoir traduit l'esprit de sa lutte à travers le slogan le privé est politique [The Personal is political] a permis aux associations de femmes de comprendre la nécessité d'investir le privé qui, certes, reste le domaine de la culture, de la tradition constitutives de l'identité du groupe et des individus, mais n'en demeure pas moins un espace de fabrication de l'inégalité basée sur le genre et de reproduction des valeurs patriarcales.

Cette inégalité de genre, qui est au principe des violences basées sur le genre, a pour scène la sphère publique mais surtout celle privée, voire intime. Elle s'est pendant longtemps soustraite au regard du public et des chercheurs en étant simplement une question tabou. Aujourd'hui, grâce à la prise de conscience au niveau global, mais aussi régional , avec l'adoption d'un certain nombre de dispositifs et d'instruments juridiques, ces violences font l'objet de débats sur l'espace public en étant considérées comme une question de violation des droits de la personne humaine. Les études de cas ont cherché à savoir si les ratifications de la CEDEF, du Protocole à la CEDEF et du Protocole de Maputo constituaient des indications suffisantes de la volonté politique de prendre en charge ce problème. Elles ont montré que la crise économique, qui n'est pas étrangère à ce qu'on a appelé la crise de la masculinité, a été, d'une certaine façon, un facteur aggravant de cette violence et de ses multiples manifestations.

Comment appréhender l'impact de la situation et surtout de l'instabilité politiques sur les violences basées sur le genre ? La Gambie, la Guinée-Bissau et le Sénégal ont tous ratifié la Convention sur l'élimination de toutes discriminations à l'égard des femmes (CEDEF), le Protocole à la CEDEF et le Protocole à la Charte africaine des droits de l'Homme et des peuples relative aux droits des femmes. Ces deux premiers pays ont en commun de se retrouver de part et d'autre de la zone sud du Sénégal qui sert de scène à la crise casamançaise. Il ressort des études que la Gambie est connue pour son pouvoir politique fort, soucieux de réduire les espaces de contestation et de liberté d'expression. La Guinée-Bissau a, quant à elle, vécu ce qu'on peut appeler une certaine instabilité politique du fait d'une institution militaire ne faisant pas toujours preuve de volonté de soumission au pouvoir politique. Quel est l'impact de ces différents éléments sur les violences basées sur le genre dans ces pays ? Si le Sénégal peut se prévaloir d'une certaine stabilité politique et de l'existence d'un arsenal juridique dont la finalité est, entre autres, d'assurer la sécurité de la femme et la garantie de ses droits, ce pays n'en est pas moins confronté à la question des violences basées sur le genre. La vulnérabilité des femmes et l'ampleur des phénomènes de violence ont été replacées dans leur contextes et bien restituées par les études.

La valeur ajoutée de cette réflexion tient sans aucun doute au regard jeté sur l'université. Si elle est un lieu de production de savoir sur ces violences, elle n'en demeure pas moins une institution génératrice de violence du fait de la culture de ses acteurs, des rapports hiérarchiques cristallisés par les valeurs patriarcales hégémoniques en circulation dans la société, lesquelles débouchent sur la loi du silence par rapport à certaines pratiques.

Ces études devront permettre à l'UNESCO, au CODESRIA et à ONUFEMMES de mieux se positionner à travers le partenariat avec les acteurs clés et de favoriser le réseautage et l'échange des meilleures pratiques pour accélérer l'institutionnalisation de ces questions relatives aux inégalités et aux violences basées sur le genre, et qui convoquent une culture du respect de la personne humaine.

Les principales recommandations et leçons retenues de ces deux études sur le mouvement social féminin et sur les violences basées sur le genre devront aider à encourager les Etats à institutionnaliser les questions de genre, mais devront aussi inviter les parlementaires à légiférer pour instaurer la parité politique dans leurs pays respectifs. Elles devront enfin inciter les organisations de la société civile à nouer des partenariats pertinents pour mener un plaidoyer efficace visant à faire avancer et à pérenniser l'égalité des sexes et l'équité de genre à tous les niveaux.

Ce livre présente les mouvements sociaux des femmes au Sénégal.

Aminata Diaw   **Maréma Touré**
(CODESRIA)   (UNESCO-BREDA)

Les différentes conférences organisées par l'ONU et relatives aux femmes, le programme d'action de Beïjing dont un des douze domaines prioritaires est relatif à la violence, la Convention sur l'élimination de toutes les discriminations à l'égard des femmes (CEDEF), le Protocole à la CEDEF et le Protocole à la Charte africaine des droits de l'Homme et des peuples relative aux droits des femmes.

Introduction de l'étude

Les récentes mobilisations pour contester l'ordre établi au Maghreb avec le « *printemps arabe* », en Espagne, au Royaume-Uuni ou aux USA avec le « *mouvement des indignés* » posent avec acuité la problématique des mouvements sociaux dans le contexte actuel de crises et de changements globaux.

Le Sénégal n'est pas en reste avec l'émergence du « *Mouvement Y en a marre* » et du mouvement du vingt-trois juin (M23). Ces mouvements, impulsés par des jeunes, semblent se démarquer des logiques des porteurs classiques de mouvements sociaux que sont les organisations syndicales ou politiques, accusées d'intérêts corporatistes. Ce recours à ces formes de contestations et de mobilisation face à la crise socioéconomique, financière et politique n'est pas un phénomène nouveau. Il y a eu, dans le passé, des mobilisations contre des guerres et pour diverses autres raisons : les droits humains, l'environnement, le racisme, la sécurité alimentaire, la santé, le féminisme, la stabilisation des marchés financiers, etc. La plupart de ces mouvements sont marquées par leur caractère transnational.

Au fur et à mesure que les mobilisations se sont diversifiées, un champ de recherche s'est développé autour des mouvements sociaux. Depuis 1990, ces travaux ont beaucoup évolué d'un point de vue méthodologique, conceptuel et épistémologique (Basu 1995 ; Benford 1997 ; Tilly 2004 ; Dunezat 2006 ; Awid 2008 ; Armstrong et Bernstein 2008 ; Fillieule 2009 ; Ellis and van Kessel 2009 ; Trat 2010 ; Verschuur 2010 ; Neveu 2011). Caractérisées au début par une « *neutralité de genre* » (pour utiliser le terme de Le Quentrec et Rieu 2009:319), ces études ont commencé depuis une vingtaine d'années à s'intéresser à l'implication des femmes dans les mouvements sociaux et à une approche genre du militantisme. L'analyse des mouvements féministes est ainsi rentrée dans l'agenda des recherches en sciences sociales, notamment dans les pays francophones (Kergoat, Fillieule et Roux 2009).

La présente étude sur le mouvement social des femmes au Sénégal s'inscrit dans la même perspective épistémologique de contribuer à la compréhension du mouvement féminin. Il faut souligner que les femmes se sont toujours mobilisées pour améliorer leurs conditions de vie. Mais c'est surtout sous des formes associatives. En se regroupant selon l'appartenance sociale, professionnelle ou de quartier, les femmes ont pu trouver l'expression de leur militantisme et de leur vécu citoyen. Ces organisations féminines sont au Sénégal les héritières des associations traditionnelles, appelées *mbotaay* (en wolof) et qui regroupaient en général des femmes appartenant à la même classe d'âge. Certaines se sont réunies suivant des intérêts de quartier, de village ou de région. Dans d'autres cas, elles sont liées par des affinités ethniques, économiques ou religieuses. A la faveur de la crise qui a secoué le pays à partir de la fin des années 70, les associations de femmes se sont multipliées. En fait, face aux enjeux globaux et à cette crise aux multiples facettes, les expériences associatives ont permis aux femmes d'être actrices de leur destinée et de vivre leur citoyenneté à partir de leur espace local. De la sphère privée où elles ont été pendant longtemps cantonnées, elles ont investi l'espace public.

Ces différents changements font que la présente recherche sur le militantisme féminin vient à son heure. Elle est d'autant plus importante que de nombreux défis interpellent les organisations de femmes au Sénégal. Sur le plan socio-démographique, le taux de mortalité maternelle est de 510 décès pour 100 000 naissances vivantes. 78 pour cent de femmes sont au foyer, le taux d'analphabétisme est de 50,4 pour cent, selon les statistiques de l'ANDS (SES 2007). L'Enquête de Suivi de la Pauvreté au Sénégal (2005-2006) montre également que 20 pour cent des femmes sont des chefs de famille.

Par ailleurs, la situation épidémiologique par rapport au VIH/SIDA est caractérisée par une féminisation croissante (EDS IV 2005:1991). Sur le plan politique, la représentativité des femmes reste négligeable, même si les élections locales du 22 mars 2009 leur ont permis une plus grande visibilité des femmes dans le champ politique, comparée aux années précédentes. Sur 45 grandes communes et 121 communes d'arrondissement, les femmes n'ont gagné que sept sièges. Cette faible représentation dans les instances de décision est surtout visible dans la présidence des conseillers locaux. Ainsi, le ratio de femmes présidentes de conseil local par rapport au nombre d'élus est passé de 11 pour cent à 1,58 pour cent. Le nombre de femmes élues est minime et en régression aux élections locales de 2007 (11,19% des élus, contre 14,46% en 1996). Les femmes sont actuellement huit à être nommées dans l'attelage gouvernemental, avec des charges qui leur sont traditionnellement attribuées aux femmes (le social, la famille, les femmes, etc.). Leur nombre est plus représentatif au Sénat où elles constituent 37 pour cent de l'effectif. Sur le plan social, certaines questions telles que la polygamie et la parenté conjointe ne sont toujours pas résolues, à cause de fortes pressions sociales, culturelles et religieuses (offensive des islamistes, notamment du Collectif islamique pour la réforme du Code de la famille du Sénégal (Circofs).

Néanmoins, l'une des grandes victoires des organisations de femmes a été le vote à l'Assemblée nationale de la loi sur la parité absolue homme-femme dans toutes les institutions totalement ou partiellement électives, le 14 mai 2010. Autrement dit, les listes qui ne présenteront pas de candidatures à part égale des deux sexes seront invalidées. L'application de cette loi lors des élections législatives de juillet 2012 a permis d'avoir 43,33 pour cent de femmes élues des 150 députés que compte l'Assemblée nationale. Face à ces avancées, des voix se sont élevées pour contester la légitimité de la loi sur la parité qui serait anticonstitutionnelle et demande son abrogation. La question du maintien de la loi constitue l'un des plus grands défis du mouvement féminin sénégalais. De même, à l'orée des prochaines élections locales, la réclamation de 50 pour cent de femmes et 50 pour cent d'hommes dans les instances électives reste posée.

Ces différents enjeux, après cinquante-trois années d'indépendances et dix-huit ans après Beijing, imposent la nécessité de rouvrir le débat sur les mouvements sociaux féminins. Cela implique de procéder à une évaluation et à une analyse profonde des organisations de femmes qui en sont les promotrices. Les analyses devront prendre en considération les facteurs d'inclusion favorables au développement de ces organisations féminines. Cette étude tiendra aussi compte des facteurs d'exclusion qui pourraient limiter et constituer des barrières pour une plus juste participation des femmes dans la construction de l'Etat de développement démocratique en Afrique de l'Ouest.

1

Cadre de l'étude

Cadre théorique

Revue de la littérature

Pendant longtemps, les mouvements sociaux au Sénégal ont été analysés de manière asexuée – « gender blind » (Thiam 1972 et 1993 ; Ndour 1981 ; Sène 1987 ; Mamdani M. 1990 et 1995 ; Diop 1992 ; Bathily 1992 ; Mamdani M. et Wamba-Dia-Wamba 1997 ; Diallo 2002 ; Bâ *et al.* 2002 ; Bianchini 2002 ; Prier 2004). Cette présence des femmes a été rendue invisible par cette « *neutralité de genre* » (pour utiliser le terme de Le Quentrec et Rieu (2009 : 319). Oubliées de l'historiographie des mouvements sociaux, les Sénégalaises ont été présentées comme étant à la périphérie des combats démocratiques qui dateraient des premières luttes émancipatrices des cheminots du Dakar-Niger en 1947 (Sembène 1960). Cette perception, issue de la pensée libérale et patriarcale qui définit la division sexuelle du travail, lie la citoyenneté aux notions de travail et de chef de famille qui seraient l'apanage des hommes. Toute l'histoire du Sénégal depuis les indépendances (en 1960) est marquée par cet ancrage masculin (Diouf et Sow 1993 ; Sow 1997 ; Diaw 2004 ; Palmieri 2009 ; Guèye 2010).

Ce n'est que récemment que des travaux ont montré la participation des femmes sénégalaises aux luttes coloniales et postcoloniales (Mbaye et Lacroix 1976 ; Diouf et Sow 1993 ; Cissé et Diaw 1998 ; Dia 1994-1995 ; Keita 1999-2000 ; Sow 1997 et 2005 ; Fall 2001 ; Cissé 2002 et 2004 ; Bop 2004 ; Diaw 2004 ; Diop 2004 ; Sarr 2007 ; Palmieri 2009 ; Guèye 2010 ; Touré 2010). Seuls quelques auteurs se sont intéressés aux mouvements sociaux féminins, à leur nature, au contenu de leurs revendications et aux limites de leurs actions. Une histoire du mouvement social féminin, caractérisé par sa pluralité et son hétérogénéité, ressort de la revue de la littérature sur le sujet.

Pour certains auteurs, la mobilisation des femmes[1] remontait déjà à leur contestation de l'ordre colonial. Ils se basent sur la tradition orale qui raconte la résistance et le suicide collectif des femmes à la bataille de Ndeer (royaume du Waalo), le 5 mars 1820 face aux Maures et aux *Halpulaaren* qui s'opposaient à la mainmise française de Saint-Louis (Bâ 1992 ; Sarr 2007). L'opposition en 1855 de la Lingeer Ndate Yalla du Waalo à l'expédition militaire du gouverneur Faidherbe est exaltée par les griots (Rousseau 1929 ; Barry 1985). Aline Sitoe Diatta est retenue comme figure emblématique de la résistance casamançaise à l'administration coloniale au début des années 1940 (Tollivier-Diallo 2005). Les femmes se sont également mobilisées dans le cadre des mouvements syndicaux[2] ouvriers et nationalistes. Les auteurs soulignent l'aide qu'elles ont apportée aux grévistes lors des mobilisations (Diallo 1996 ; Fall 2008-2009 ; Mbengue 1964 ; Guèye 2011). Toutefois, la présence des femmes est observée dans le « syndicat des instituteurs et institutrices du cadre commun secondaire de l'AOF » (Guèye 2011:157). Diminga Sambou et Rose Basse sont les noms de femmes syndicalistes. La première est considérée comme faisant partie des responsables syndicaux aux côtés de Djibril Dione en1945. Guèye, à la suite de Sow (1994-1995:13), attribue à Rose Basse l'origine du Mouvement des femmes travailleuses du Sénégal (Guèye 2011:159-160). Cette participation des femmes aux mouvements syndicaux n'a pas permis que leurs intérêts (en tant que gent féminine) soient pris en considération.

Les récits démontrent la position des femmes et leur rapport au pouvoir[3]. Il est à noter que ce leadership féminin de l'époque coloniale est à mettre en relation avec la position qu'elles occupaient dans la société[4]. En fait, la majorité de ces femmes appartenaient à l'aristocratie régnante à laquelle on reconnaissait le droit d'intervenir dans la transmission du pouvoir (Sow et Diouf 1993:5). Par ailleurs, la culture patriarcale, issue des influences chrétiennes et musulmanes, a réduit l'autorité des femmes toutes catégories sociales confondues. La colonisation (Goerg 1997:105-106), en renforçant la marginalisation des femmes au plan socioéconomique et politique, a contribué à la consolidation du pouvoir masculin. A la veille des indépendances, le rôle des associations de femmes se limitait au soutien apporté aux candidatures masculines (Lacroix et Mbaye 1976 ; Sylla 2001).

Pour Fatou Sow (1997), cette situation est liée à la perception masculine du sexe de l'Etat. Le citoyen est exclusivement considéré comme mâle. De ce fait dans le domaine du politique, la femme est confinée dans le rôle de médiatrice tandis que l'homme y est érigé en acteur unique. L'Union des Femmes Sénégalaises (UFS), une association apolitique qui regroupait des femmes d'appartenances politiques diverses, est considérée comme l'un des premiers mouvements, porté par des femmes. L'ambition de l'UFS était de soutenir les hommes dans la lutte pour l'indépendance (Fall 2001 ; Sylla 2001). L'intégration de cette organisation en 1960 au sein de l'Union Progressiste Sénégalaise (UPS) traduisait l'instrumentalisation par les leaders politiques sénégalais de cette période qui utilisaient les femmes pour élargir leurs réseaux de clientèle et capitaliser d'éventuels électeurs.

Au sein des partis politiques, les mouvements des femmes sont des structures qui regroupent les militantes qui, conscientes des problèmes spécifiques liés à leur statut, veulent prendre en charge leurs propres revendications. Cependant, leur efficacité a été amoindrie par une société, dominée par l'élément masculin qui se trouve au cœur du politique et qui détermine tous les paramètres qui la font fonctionner. Cette situation a entraîné une certaine forme de prise de conscience qui s'est traduite, dans les années 1970-90, par l'émergence de beaucoup d'organisations de femmes qui vont dénoncer toutes les difficultés auxquelles elles sont confrontées et leur faire prendre conscience de leur situation.

Malgré la prise de conscience de l'enjeu électoral qu'elles représentaient et du rôle important qu'elles jouaient aussi bien aux plans économique, social que politique, les femmes ne participaient toujours pas à l'élaboration et à la détermination des politiques. Leur quasi absence dans les instances de décision jusque dans le milieu des années 1980 résulte de la conjugaison de plusieurs facteurs, dont le plus important demeure celui de l'ancrage d'un imaginaire politique masculin dans les mentalités (Diouf et Sow 1993 ; Sow 1997 ; Diaw 2004).

D'autres formes de mobilisations de femmes se sont effectuées autour d'associations comme en 1974, avec les premières générations de femmes, issues de l'école normale des jeunes filles de Rufisque, l'Ecole Normale des Jeunes filles de Rufisque, l'Amicale des Femmes Juristes et la Fédération des Associations de Femmes Sénégalaises (FAFS). Créée en 1977 sous l'auspice du premier président sénégalais, Léopold Sédar Senghor, cette organisation regroupait douze associations caritatives, de solidarité, d'entraide, de corporations, des originaires d'un même terroir, d'obédience religieuse ou professionnelle (Club Soroptimist, Zonta Club, Amicale des secrétaires de la présidence, Amicale Germaine Legoff, Association des originaires du Walo, Amicale des anciennes normaliennes, etc.) (Sylla 2001 ; Cissé 2004 ; Guèye 2010). Ces associations de femmes se considéraient comme apolitiques et leurs objectifs étaient « adaptées à leurs réalités, leurs capacités ... » (Bop 2004). Toutefois, les auteurs notent qu'elles étaient parrainées et instrumentalisées par les partis politiques. Même les associations féministes ne purent pas échapper à l'emprise politique. Les premiers mouvements qui se revendiquaient « *féministes* » furent incarnés par le Yewwu Yewwi PLF (Pour la libération des femmes, créée en 1984), par le Mouvement des femmes de la ligue démocratique marxiste et, un peu plus tard, par Femme et Société (en 1989). Selon Kathy Cissé (2004), ces féministes de la première heure appartiendraient aux « mouvements radicaux de gauche ».

Selon toujours les études sur le sujet, les crises socioéconomiques qu'a connues le Sénégal, ont entraîné une certaine forme de prise de conscience qui s'est traduite, entre les années 1980 et 1990, par l'émergence d'un grand nombre d'organisations de femmes. Les conséquences de ces crises, renforcées par l'introduction forcée des programmes d'ajustement structurel au milieu des années 80, obligèrent les femmes à sortir de la sphère privée dans laquelle elles étaient censées évoluer pour investir la sphère publique. Ces politiques d'ajustements structurels (PAS) ont engendré la compression de nombreux employés du secteur formel, le chômage, le sous-emploi et le renforcement des mécanismes d'exclusions. Les mesures d'accompagnements des PAS qui ont été instaurées pour essayer de pallier aux politiques de désengagement ou de diminution du rôle de l'Etat, n'ont pas tenu compte des femmes. La diminution des revenus et du pouvoir d'achat des ménages s'est accentuée avec la dévaluation du franc CFA qui s'en est suivie quelques années plus tard. Le chômage des hommes va augmenter la surcharge de travail des femmes et déboucher sur une féminisation de la pauvreté. Cette crise va engendrer une redéfinition des rôles des femmes au sein de la société sénégalaise. Ces dernières vont se réfugier auprès d'organisations féminines, solidaires de leur situation, avec l'espoir de sortir de leur précarité à travers ce regroupement.

La multiplication des associations de femmes (Niang et Bâ 1998/9 ; Niang 2000) coïncide avec un contexte mondial favorable aux femmes. La décennie des Nations Unies pour la femme (1975-1985) avait déjà ouvert la voie à la légitimation de l'approche sur le genre et facilité la mise en place de lois et d'instruments juridiques au niveau international comme la Convention des Nations Unies sur l'élimination de toutes formes de discrimination à l'égard des femmes (CEDEF/CEDAW) de 1979. Cette Convention, adoptée et ouverte à la signature, à la ratification et à l'adhésion par l'Assemblée générale dans sa résolution 34/180 du 18 décembre 1979, a constitué l'instrument juridique international le plus important pour la protection des intérêts spécifiques du sexe féminin. Le contact avec le mouvement féministe transnational s'est accompagné d'une remise en cause de la prétention universalisante du féminisme occidental et de ses visions ethnocentriques et monolithiques des femmes du « *tiers-monde* »

(Mohanty 2003, 2010 ; Touré 2010 ; Oyéwumi 1997). Ce mouvement contre ce « *regard occidental* », issu du « *Black feminism* », fut alors porté en Afrique par l'Association des femmes africaines pour la recherche et le développement (AFARD), créée en décembre 1977. Les féministes africaines sont entrées dans le débat à partir d'une perspective et des considérations différentes sinon opposées aux lectures mises en circulation par leurs homologues du Nord sur l'oppression des femmes et ses origines, sur le sexisme et le patriarcat, les inégalités entre les sexes face à celles de classe ou de race, l'accès à l'éducation et à l'emploi, etc.

A la lecture des travaux, il apparaît que deux courants ont traversé, durant cette période, le mouvement social des femmes : des mouvements féminins et des mouvements féministes (Sow 2007). Fatou Sow considère que « les unes [les féministes] agitent et font avancer les idées de liberté, les autres finissent par en faire appliquer les mesures » (Sow 2005). Mais dans son analyse, leurs actions sont confondues. Malgré cette dichotomie, toutes les activités, « qu'elles aient été féminines, féministes et/ou communautaires de ces associations, se sont inscrites dans le recadrage d'associations familiales, villageoises et urbaines, amicales, professionnelles, corporatives, religieuses, politiques » (Sow 2007:3). Selon Fatou Sarr, des tentatives d'engagement collectif autour de la question des femmes ont pu exister à partir de 1994, notamment après la conférence de Beijing. Mais selon elle, ce sont des associations comme l'APROFES à Kaolack et le réseau Siggil-Jiggéen à Thiès, organisées en réseaux et disposant d'une base qui peuvent être légitimement considérées comme des mouvements de femmes (Fondation Konrad et Adenauer et CESTI 2006:24). Et à Kathy Cissé de conclure que les mouvements féminins sont constitués par les associations de femmes que l'Etat a toujours encadrées et contrôlées, notamment avec leur institutionnalisation sous forme de groupements de promotion féminine en 1984 (Cissé 2004:7).

Cette revue de la littérature montre l'existence de beaucoup de controverses et de divergences quant à l'interprétation du mouvement social féminin sénégalais. Ces divergences touchent les démarches méthodologiques, notamment en ce qui concerne la définition des mouvements sociaux, sur leurs rôles et sur les impacts de leurs actions. Il y a une confusion autour du concept de mouvement. Le terme est utilisé pour qualifier tout regroupement d'organisations de femmes. Tout type de campagnes ou d'activités en rapport avec les femmes est considéré comme un mouvement féminin, qu'il en présente ou non les caractéristiques. Paradoxalement, ces études n'insistent pas sur l'émergence, les pratiques de construction, le caractère et le développement des mouvements sociaux portés par les femmes. Au regard de la diversité et de la complexité des mouvements liées à la globalisation et à l'apparition de nouvelles inégalités sociales, il est important d'étudier les mouvements sociaux féminins comme un processus et d'examiner leurs dynamiques de construction et de légitimation, les nouvelles formes qu'ils prennent ainsi que leurs revendications.

Questions de recherche

Qu'est-ce qu'un mouvement social de femmes au Sénégal ?
- Comment se définit-il ?
- Quels sont la nature, les formes, les impacts et les limites de ce type de mouvements ?
- Quelles sont les ressources dont il dispose ?
- Quel sont les sources et objets de mobilisation ?
- Comment s'organise-t-il ?
- Quelles sont ses méthodes d'actions ?

Quelle est l'importance des mouvements de femmes en termes de forces de changements sociaux ?
- Ces mouvements de femmes sont-ils des facteurs de développement et de quels germes de changements sont-ils porteurs ?
- Contribuent-ils à l'autonomisation et au renforcement des capacités des femmes ?
- Parviennent-ils à un véritable changement de la société et à quels niveaux ?

Quelles sont les relations entre organisations, individus et mouvements ?
- Quelles sont les tentatives de réseautage des organisations de femmes ?
- Quels sont les rapports entre les organisations de femmes et les femmes en général ?
- Concernant la relève générationnelle, les femmes, surtout les plus jeunes,
- Se sentent-elles concernées par les mouvements et se reconnaissent-elles en eux ?
- Quelles sont les relations avec les autres mouvements sociaux nationaux ?

Quels défis, enjeux et obstacles doivent-ils affronter et comment y répondent-ils ?
- Quels sont leurs rapports avec l'Etat ?
- Ces relations sont-elles influencées par l'environnement socioéconomique et politique ?
- Quelles sont les relations avec les autres mouvements sociaux internatio-naux, notamment le mouvement féministe transnational ?

- Quels sont les impacts de l'environnement mondial en termes d'opportunités et de menaces ?
- Quelles sont les forces et les faiblesses du mouvement social féminin face à ces enjeux ?

Quelles stratégies pour le renforcement des organisations/mouvements de femmes ?

- Comment parvenir à réunir toutes les femmes autour de revendications collectives, comme par exemple l'application de la loi sur la parité récemment promulguée ?
- Quelles stratégies mettre en place pour un renforcement des organisations de femmes ?
- Comment faire en sorte qu'elles deviennent des forces alternatives et des moteurs de transformation de la société et aboutir à un mouvement social féminin fort ?

Hypothèses de recherche

- Les mouvements sociaux de femmes sont une construction sociale.
- Les mouvements de femmes sont régis par des rapports sociaux de sexe qui structurent leurs formes, leurs revendications, leurs objectifs, leur dynamique et leur portée politique[5].
- Cependant, les mobilisations de femmes ne sont pas seulement régulées par ces seules relations de genre, elles sont aussi marquées par des contradictions internes (liées à la classe, à la culture, à l'âge, à la religion, à la région, etc.), par des interactions avec l'environnement externe (l'Etat, les pouvoirs politiques, la mondialisation croissante, l'hypermodernité, le féminisme transnational, les autres mouvements sociaux, etc.), desconfrontations et des négociations qui en font des mouvements complexes et multidimensionnels.

Objectifs de la recherche

Objectif général

L'objectif général de cette étude est d'évaluer la situation actuelle des organisations et mouvements des femmes et d'analyser leur rôle – mais aussi leurs forces et faiblesses – ainsi que leur portée en termes de germes de changements de la société. L'idée est de contribuer à l'amélioration des connaissances dont les institutions étatiques ou internationales et la société civile ont besoin pour fonder leurs politiques et leur plaidoyer en faveur du renforcement des capacités des femmes.

Objectifs spécifiques

Il s'agira :

- de décrire le profil des organisations de femmes en se focalisant sur leurs objectifs, stratégies et actions, sur leurs animatrices, leurs structures et leurs directions ;
- d'évaluer les forces et faiblesses des organisations de femmes, les opportunités qui s'offrent à elles ainsi que les menaces auxquelles elles sont confrontées en rapport avec l'environnement extérieur, leurs influences et acquis à ce jour ;
- de déterminer les organisations porteuses de mouvement social ;
- de définir l'origine et les conditions d'émergence et de construction de ces mouvements, les différentes formes, natures et dimensions évolutives qu'ils prennent ;
- de voir les facteurs d'inhibition, de contraintes ou de fragmentation de ces mouvements ;
- de proposer, en définitive, des stratégies de renforcement des organisations de femmes pour arriver à un mouvement social féminin fort.

Cadre conceptuel

Cette étude fait référence à un corpus où les termes comme mouvement social, femmes, féminin ou féministe sont des concepts clés. Comme leurs compréhensions sont multiples, il est important d'effectuer un petit détour sémantique pour préciser les conceptions qui répondent le mieux à la présente recherche.

Mouvement social

La définition du mouvement social fait l'objet de beaucoup de controverses. Selon Alain Touraine (1978), l'existence d'un mouvement social est avérée lorsque l'identité des acteurs est connue, l'adversaire désigné, et lorsque l'objectif est la « direction sociale de l'historicité » et un « projet d'orientation sociétal ». Pour lui, aucun mouvement depuis 1968 n'a pu jouer ce rôle de contrôle de l'historicité. Pourtant le terme a été utilisé pour exprimer des réalités distinctes : en Europe, ce fut mai 1968, les grèves et les manifestations de novembre 1995, ou encore les coordinations apparues chez les cheminots en 1986 et chez les infirmières en 1988, etc. On parle aussi du « mouvement ouvrier », du « mouvement des chômeurs », du « mouvement des homosexuels » ou du « mouvement féministe », du « mouvement des écologistes », du « mouvement des indignés ». Au Sénégal, les mobilisations les plus récentes sont le « mouvement set-settal », le « mouvement y en a marre », le « mouvement du 23 juin, M23 » ou le « mouvement pour la parité ».

Face à leur diversité, Erik Neveu conçoit les mouvements sociaux comme « des formes d'action collective concertée en faveur d'une cause » (1996). Castells reprécise en rajoutant la notion de changement social, chère à Touraine et les mouvements sociaux seraient, par conséquent, « des actions collectives menées en vue d'un objectif, dont le résultat en cas de succès comme en cas d'échec, transforme les valeurs et les institutions de la société » (Castells 1999). D'autres théoriciens du mouvement social apportent des précisions, liées aux facteurs de déclenchement des mouvements sociaux. Ce seraient les périodes de « crises » politiques que des processus de mobilisation sur la durée qui donnent naissance à des associations, des réseaux ou des organisations (autres que les partis). Il s'agit alors de « dynamique propre à un groupe social porteur de revendications importantes, durables et conflictuelles » (Trat 2010:111). Aussi apparaît-il plus fructueux de définir le mouvement social comme un « processus », selon Chazel (1992). En effet, un « mouvement social évolue au cours de son développement. C'est une réalité hétérogène socialement et politiquement traversée par des courants et des projets diversifiés » (Trat 2010:113).

Au regard de toutes ces définitions, plusieurs principes caractérisent un mouvement social : la constitution de groupe, de réseau ou d'organisation, une identité collective, un sentiment d'identité partagée, un adversaire commun, la durée, l'historicité, l'usage du combat pour obtenir le changement social. Ces définitions et ces critères conviennent-ils pour caractériser les mouvements de femmes au Sénégal ?

Les études sur les mouvements sociaux en Afrique démontrent qu'il existe un décalage entre les théories dans ce domaine et l'expérience africaine. En effet, selon Ellis et van Kessel (2009:15), « movements in Africa never did fit into the sketch of a neat chronological succession from working-class to middle class activism or, in Habib's phrase, from the arena of production to the arena of consumption ». De ce fait, il est important de tenir compte, dans la compréhension des mouvements, du contexte socioéconomique et politique dans lesquels ils ont évolué et qui les a façonnés.

Femmes

Etudier les femmes comme catégorie sociale laisse supposer un groupe social cohérent et homogène, quelle que soit leur appartenance sociale, ethnique ou religieuse.

> Cette homogénéisation consensuelle du groupe de femmes discursivement construit,
> vient occulter la réalité matérielle, historiquement spécifique, des groupes de femmes,
> et leur dénie tout statut d'agent politique et historique (Mohanty 2009:174).

Ainsi, l'oppression que les femmes subissent les unirait. Elles ne sont pas seulement considérées par opposition aux hommes groupe dominant. Cette conception universalisante et transculturelle de la catégorie femme comme groupe dominé, exploité, opprimé, subordonné et dépendant face à une domination exercée par l'homme rend leurs expériences anhistoriques. « Ce mode d'analyse féministe, qui homogénéise et systématise les expériences des groupes de femmes différents, occulte par conséquent tous les modes d'expérience rebelles marginaux » (Mohanty 2009:176). Pour éviter cette essentialisation, il ne suffit pas d'étudier les femmes en tant que sujets et actrices de leur propre histoire, mais il est aussi important de contextualiser leurs expériences et actions collectives.

Mouvement social féminin/féministe

Qualifier le mouvement social de féminin, c'est lui octroyer une identité de genre strictement réservée aux femmes, une « *autonomie* » et une non affiliation partisane. Analyser les mouvements sociaux sous cette hégémonie strictement féminine, c'est penser la catégorie femme comme l'objet et l'acteur de ces mouvements. Elle prend elle-même en charge ses propres luttes. On retrouve alors le concept d' « *agency* » des femmes de Masson qui renvoie à leur capacité d'action et aux actions elles-mêmes, ainsi qu'à leur intentionnalité (Masson 1999:11). C'est reconnaître la capacité des femmes d'être agents de leur propre histoire. Tamal Lama-Rewal définit le mouvement de femmes « comme un réseau de groupes et d'individus se mobilisant avec une certaine régularité autour de causes touchant particulièrement les femmes ». Ce qui permet de caractériser le mouvement féministe comme un mouvement social, c'est sa durée. Et selon toujours Lama-Rewal, ce qui fait qu'un réseau devienne un mouvement, c'est sa longue durée et la continuité de ses activités (Tama Lama-Rewal 2010:445).

Il est aussi avant tout « une réalité hétérogène socialement et politiquement traversée par des courants et des projets diversifiés » (Trat 2000:132). Elle rejoint ainsi la pensée du théoricien Alberto Melluci. Comme de telles identités collectives ne sont pas aussi fixes que dans le processus, Melluci propose cette définition plus spécialisée :

> L'identité collective est un processus interactif, la définition du produit partagé par
> plusieurs individus (ou groupes à un niveau plus complexe) ... qui doit être conçue
> comme un processus, car il est construit et négocié par l'activation répétée des rela-
> tions qui lient les individus (ou groupes) [au mouvement].[6] (Melluci 1995).

A côté de cette identité féminine, les objectifs essentiels de ces mouvements sociaux sont la défense des droits des femmes, en termes d'équité et d'égalité des sexes, ce qui leur donne une visée féministe. Mais ce féminisme se définit-il au Sénégal comme dans les autres pays comme une critique radicale du patriarcat et de ses conséquences sur le fonctionnement des sociétés ? Revendique-t-il le recours au volontarisme politique pour construire des sociétés offrant les mêmes opportunités d'épanouissement aux hommes et aux femmes ?

Les enquêtes sur les perceptions et représentations des mouvements sociaux féminins et du féminisme au Sénégal nous permettront de répondre à ces questions.

Cadre méthodologique

Collectes des données, sites et populations ciblées

La recherche qui a duré une année a été effectuée en deux temps. Les quatre premières semaines ont été consacrées à la compilation des données existantes sur l'identification des organisations œuvrant pour les femmes. Ce premier travail de recherche documentaire et de revue de littérature a été suivi pendant plusieurs mois d'enquêtes, effectuées de manière discontinue d'octobre 2011 à juillet 2012. Des guides d'entretien ont été soumis aux responsables des organisations et associations de femmes, les plus importantes dans leur localité. Dans la même période, des entretiens individuels ont été adressés aux femmes militantes pour décrire leur parcours citoyen. Les cinq mois restants ont été consacrés à la transcription et à l'analyse des données recueillies ainsi qu'à la production du rapport à mi-parcours rendant compte des résultats provisoires des enquêtes. Suite à l'atelier de validation de ces résultats, organisé en octobre 2012, Il a été procédé pendant quatre mois à la révision et à la finalisation du rapport.

Compte tenu des limites budgétaires et temporelles, cinq sites ont été retenus : Dakar, Saint-Louis, Thiès, Kaolack et Ziguinchor. Ces localités ont été considérées en raison de la dynamique assez importante des organisations de femmes qu'elles connaissent. Les enquêtes ont été retardées à cause de la grande mobilité et du calendrier chargé des responsables des organisations de femmes. L'équipe de recherche (annexe 1) a eu à essuyer des reports fréquents et des annulations de rendez-vous. Nous nous sommes heurtés à leur non disponibilité du fait des fêtes religieuses et des agendas chargés. De ce fait, il y a eu une reprise des enquêtes au mois d'avril et les interviews ont continué jusqu'en novembre. La longue durée que les enquêtes ont occupée dans le planning de recherche témoigne des difficultés à rencontrer aussi bien les femmes militantes que les dirigeantes des organisations de société civile.

Données secondaires

Les données secondaires sur les organisations de femmes proviennent en majorité du répertoire national sur les associations féminines et les groupements de promotion féminine (GPF), publié en 1997 et révisé en 2010 par le ministère de la Famille, de l'Action sociale et de la Solidarité nationale. Ces informations ont été confrontées et complétées par les enquêtes qualitatives que nous avons menées. Les autres éléments quantitatifs sont constitués par des informations provenant de statistiques nationales ou d'études empiriques disponibles sur la situation générale des femmes au Sénégal. Ces données ont été exploitées en vue de contextualiser davantage l'étude et de voir l'évolution des mouvements sociaux féminins et leurs luttes pour les droits politiques de la transition indépendantiste à l'intégration et à l'autonomisation des femmes dans l'espace étatique, en passant par la prise de conscience de leur importance dans le développement du pays. Ces données secondaires ont aussi servi de base pour établir les guides d'entretien.

Données primaires

L'approche utilisée pour la collecte des données primaires fut qualitative et participative. Autrement dit, elle associe les personnes interrogées à la réflexion, à la décision et à la mise en œuvre des stratégies de renforcement des actions des femmes. La collecte des données s'est, selon les opportunités, faite sous forme d'interviews, d'enregistrements et de filmage des acteurs concernés par l'étude. Les différents outils de collecte utilisés ont été les entretiens semi-structurés, les focus groupes et les récits biographiques. Ces enquêtes s'adressent tout d'abord aux organisations de femmes dont il n'a pas été possible d'enquêter l'ensemble. Il a été procédé à un échantillonnage qui prenait en compte les organisations de femmes représentatives et qui se sont distinguées dans les moments forts des mobilisations féminines. Une attention particulière a été accordée aux trois espaces où se déploient généralement leurs initiatives : les associations, les groupements et les organisations non gouvernementales (organisations, fédérations et réseaux devenus des ONG) œuvrant pour les femmes. Les récits de vie de quelques femmes leaders ont été recueillis pour voir l'influence exercée par leurs projets de vie sur leurs pratiques revendicatives. La recherche étant focalisée sur les mouvements sociaux féminins, les femmes ont été le groupe cible privilégié dans la collecte des données. Néanmoins, des hommes (membres d'associations, engagés dans des mouvements sociaux) ont été aussi interrogés pour avoir leur vision sur la question. Concernant les jeunes, l'équipe de recherche s'est intéressée surtout à ceux et celles qui évoluaient dans le milieu associatif.

Guides d'entretien

Trois guides d'entretien (annexe 2) ont été élaborés :

Guide d'entretien pour les organisations

Ce guide d'entretien a été destiné aux organisations de femmes qui œuvrent pour le renforcement des capacités des femmes. Les informations de base, demandées aux 83 associations de femmes étudiées, sont liées à l'identification de l'association (sigle, dénomination, localisation, date et raisons de création, nombre de membres, statut légal, nom de la responsable, affiliation, historique), aux objectifs ou missions, au degré d'organisation et de fonctionnement à travers l'organigramme (composition du bureau, régularité des réunions, aux ressources financières (droits d'adhésion, cotisation, budget de fonctionnement), à leur autonomie, aux partenaires (gouvernemental et non gouvernemental), aux formations reçues, aux activités réalisées, aux zones d'intervention, aux difficultés rencontrées, à leurs besoins et projets. Elles ont été interrogées sur leurs implications dans des réseaux et mouvements sociaux, sur les stratégies, les opportunités et les obstacles à leur épanouissement. Un intérêt particulier a été accordé aux rapports de pouvoir au sein des associations de femmes, à la gouvernance et à l'administration de ces structures, les problèmes auxquels elles font face. Les conditions d'émergence des mouvements de femmes, les questions qui les intéressent, leurs développements ou les raisons de leurs échecs ont été considérés dans leurs enquêtes. Il leur a été aussi demandé de faire des recommandations pour arriver à des organisations solides et des mouvements sociaux féminins forts. Des entrevues avec certaines organisations se sont spontanément transformées en discussions de groupe (focus groupe), notamment pour des précisions sur les forces et faiblesses des mouvements sociaux de femmes et les stratégies de leur renforcement. Un guide d'entretien a été adressé à une dizaine d'hommes adultes (chargés d'ONG mixtes qui œuvrent pour les femmes ou soutenant le combat des femmes) afin d'avoir leur opinion sur les organisations féminines.

Guide d'entretien pour des femmes militantes

Un guide individuel a été administré à 58 femmes adultes qui s'investissent dans les organisations féminines et/ou participent aux mobilisations féminines. Les informations demandées ont porté sur le récit et les raisons de leur trajectoire militante, sur leur analyse des forces et faiblesses des organisations de femmes. Elles ont été également interrogées sur leurs connaissances des mouvements sociaux existant au Sénégal. Elles ont formulé des recommandations pour la constitution de mouvement social solide au Sénégal. Elles ont donné des suggestions pour renforcer les capacités des femmes et celles de leurs organisations.

Guide d'entretien pour les jeunes

Des entretiens individuels semi-structurés ont été effectués auprès de 68 jeunes dont 39 hommes et 58 femmes, âgés de 18 à 35 ans, pour recueillir leurs perceptions et représentations sur les organisations/mouvements des femmes. Les informations de base collectées chez les 120 personnes interviewées sont : l'âge, le statut familial, l'âge du mariage, la situation socioprofessionnelle, la religion (et/ou appartenance confrérique), le niveau d'instruction, les formations reçues, les activités professionnelles, leur appartenance à des associations, à des partis politiques et à des réseaux. Elles ont aussi été interrogées sur les difficultés des organisations de femmes, sur leurs suggestions et leurs recommandations pour l'amélioration de leur situation. Leur opinion a été recueillie sur la question de la relève générationnelle et de l'intérêt pour le combat féminin/féministe.

Les focus-groupes

Les focus-groupes ont été organisés de manière spontanée lorsque l'occasion se présentait. Cette technique a été surtout administrée aux organisations de femmes. La dizaine de focus-groupes regroupait quatre à dix membres d'une même association. Les mêmes questions posées ont été administrées à ces personnes.

Récits biographiques

Dans les récits de vie, nous nous sommes intéressés au vécu des femmes militantes et à leur expérience dans les associations et mouvements de femmes. La biographie de 17 femmes a pu être recueillie. Leurs récits de vie ont permis de comprendre les raisons de leur engagement pour la cause féminine. De leur trajectoire, une histoire des mobilisations sociales des femmes a pu être reconstituée.

Principes d'éthique

Le respect des principes d'éthique a été à la base du travail de l'équipe de recherche, ce qui suppose la confidentialité et l'anonymat de toutes les données collectées. Tous les participants aux enquêtes ont été informés des objectifs, sur la finalité, les résultats attendus et leur dissémination. Les informations recueillies n'ont été utilisées que pour les besoins de la recherche et ne seront pas révélées en cas de refus des personnes interrogées. Sur cette base, les personnes interviewées ont donné librement leur consentement.

Tableau 1. Sites et cibles

Date	Sites	Organisations de femmes	Femmes adultes	Hommes adultes	Jeunes hommes	Jeunes femmes	Total des entretiens
15 oct-29 déc 2011 et en mars 2012	Thiès	12	9	2	10	10	43
21 sept-30 nov 2011	Ziguinchor	23	13	3	3	18	60
15 sep-28 déc 2011, mai 2012, juin 2012	Dakar	25	10	2	10	10	57
15oct-15 déc 2011	Saint-Louis	16	20	2	6	10	54
déc 2011 et en juillet 2012	Kaolack	7	7	2	10	10	33
Total des entretiens		**83**	**59**	**11**	**39**	**58**	**247**

La synthèse de l'ensemble de ces données a permis de dégager le profil général des organisations de femmes au Sénégal et de dresser un tableau général de leurs forces et faiblesses. Les informations recueillies des femmes militantes ont permis d'analyser le vécu de ces actrices, les perceptions et les représentations qu'elles se font des organisations de femmes et du mouvement social féminin ainsi que les stratégies et les actions à développer pour améliorer leurs conditions de vie et arriver à la construction d'un mouvement social féminin fort au Sénégal.

Analyse des données : approches méthodologiques

L'analyse des données a été effectuée en s'appuyant sur plusieurs approches méthodologiques, utilisées de manière complémentaire :

- l'approche comparative répond à des préoccupations épistémologiques et s'avère plus pertinente pour rendre compte des transformations sociales, économiques et politiques. Cette démarche permet d'avoir une approche plus globale et contextuelle afin d'expliquer et de comprendre les conditions d'émergence des mouvements sociaux. Cette méthode permet de voir les phénomènes propres à chaque mobilisation et d'identifier les tendances, les courants et les constantes dans les mouvements sociaux. Néanmoins, les objectifs de cette comparaison ne consistent pas uniquement à observer des différences et des ressemblances entre les actions des femmes, mais plutôt à une analyse sur la longue durée des mécanismes qui contribuent à l'émergence des mouvements sociaux. Cette comparaison met l'accent sur les régularités, les continuités et les ruptures dans la trajectoire des mouvements sociaux des femmes.

- A côté de cette démarche comparative s'ajoute une approche genre qui laisse supposer que les mouvements sociaux sont socialement construits et touchés par les rapports de pouvoir. Les questions telles que les relations asymétriques entre hommes et femmes et les effets différentiels éventuels de ces divers facteurs sur les mouvements sociaux ne peuvent pas être ignorés (Kegoat 1991, 2009 ; Trat 2010 ; Falquet 2009 ; Guèye 2010). Cependant, la démarche ne consistera pas seulement à étudier les problèmes de relations de genre (masculin/féminin) avec leur dimension identitaire, soulevés par l'implication des femmes dans les combats démocratiques. Elle intègre aussi les autres rapports sociaux qui « reflètent et, parfois, mettent en cause la division sexuelle sociale et sexuelle du travail et les rapports de pouvoirs hommes et femmes dans la société » (Trat 2010:114).

- Cela suppose l'utilisation d'une approche intersectionnelle[7] pour comprendre les interactions des différences, liées à l'appartenance ethnique, à la classe, à l'âge, à la religion, à la position géographique, à l'obédience politique et au genre, dans la constitution des mouvements sociaux féminins. « L'intersectionnalité [...] désigne l'appréhension croisée des rapports de pouvoir » (Dorin 2009:9). Cette démarche permet de ne pas essentialiser ni universaliser les expériences de femmes (Mohanty 2009:148-182). Cette perspective insiste dans l'analyse sur le caractère dynamique des rapports sociaux, mais aussi sur leur nature contradictoire et antagoniste, pour ne pas dire « consubstantiels et coextensifs »[8], donnant ainsi aux mouvements sociaux toute leur historicité (Kergoat 2009 :112). L'utilisation du genre comme cadre analytique ne s'arrête pas à ces seuls aspects, mais intègre également les multiples dimensions des mouvements sociaux féminins qui ont connu des mutations et des recompositions sous l'effet des crises économiques, des avancées démocratiques, de la relative libéralisation du champ politique, de la mondialisation accélérée et du contexte marqué par la multiplication des femmes occupant de hautes fonctions dans l'Etat. Cette conception des mouvements sociaux permet de montrer leur diversité ainsi que « la complexité, la réalité matérielle et la capacité d'action des corps et des expériences des femmes... » (Mohanty 2010 : 205).

- Toutes ces démarches seront sous-tendues par une analyse AFOM/ SWOT (acronyme dérivé de l'anglais qui signifie pour forces *(Strengths)*, faiblesses *(Weaknesses)*, opportunités *(Opportunities)*, *Threats* (menaces). Cette méthode nous permet de faire un état des lieux et d'évaluer les mouvements de femmes en mettant en exergue leurs atouts et faiblesses. Il s'agira aussi d'identifier les opportunités et les menaces issues de l'environnement externe. L'analyse croisée des forces et des opportunités nous permet d'explorer les possibilités de réussites de ces mouvements dans leurs dynamiques de luttes. Il est alors possible d'utiliser les atouts et les opportunités pour freiner les menaces qui pèsent sur ces mouvements et transcender leurs faiblesses. Avec cette approche AFOM/SWOT, des stratégies de renforcement des organisations de femmes ont été définies.

- Les entretiens réalisés ont été exploités à partir d'une approche qualitative qui nous a permis de distinguer les associations de femmes les plus importantes, leurs conditions de création, leurs principales animatrices, etc. Nous nous sommes intéressés à leur fonctionnement, aux bénéficiaires de leurs actions, à leurs activités et acquis, aux obstacles et menaces qui pèsent sur elles. Le logiciel Excel a été utilisé pour effectuer les analyses statistiques. Au total, l'analyse du contenu des entretiens a permis de se focaliser sur le sens à donner aux réponses des personnes interviewées. Cependant, le délai court des enquêtes et de l'exploitation pose des problèmes méthodologiques en termes d'échantillonnage et d'approfondissement des analyses. De ce fait, l'échantillonnage ne peut être considéré comme représentatif de l'opinion générale.

Contexte socioéconomique et politique

Le Sénégal, classé au 155ᵉ rang selon l'indice du développement humain du Programme des Nations Unies pour le développement (PNUD 2011 : 144), est considéré comme un pays à faible revenu. Cette pauvreté se caractérise par une baisse de l'autoconsommation, un pouvoir d'achat limité, un faible accès au crédit, une faible couverture des services sociaux, un faible accès aux services urbains, accès insuffisant à la propriété foncière. Selon le rapport du PNUD (de 2001), environ 53,9 pour cent des ménages au Sénégal vivent en dessous du seuil de pauvreté. De même, plus de 58 pour cent des pauvres sont des femmes.

Les populations, surtout la gent féminine, vont se tourner vers le secteur informel pour développer des activités génératrices de revenus. L'usage courant est de parler de *taqale* (accoler, mettre de bout à bout) ou de *góor-góorlu* (faire des efforts, se débrouiller) pour qualifier les stratégies de débrouillardise et de « bricoler pour survivre » (Fall 2007) utilisées au quotidien par les pauvres.

Le pays est entravé dans son développement par le caractère extraverti de son économie (une agriculture d'exportation, une forte importation des produits de base, une aide au développement, un commerce transfrontalier). Par ailleurs, il est caractérisé par l'importance du régionalisme dans la politique nationale et la prégnance des autorités religieuses et coutumières ainsi que des organisations de société civile dans la construction de l'Etat. Ces différentes dimensions ont des conséquences sur la question des accès aux ressources ainsi que des influences sur les politiques publiques et sociales (Bako-Arifari & Le Meur 2003 ; Le Meur 2006 ; O'Brien 2002a et 2002b). Le regain d'implication des mouvements associatifs à partir des années 90 est surtout dû à la crise économique qui secoue le pays. En fait, cette situation désastreuse est renforcée par les conséquences des programmes d'ajustement structurel (PAS) édictés par les institutions mondiales en charge du développement international de l'économie, des finances, du commerce et de l'emploi (Fonds Monétaire International, Banque Mondiale).

Pour relancer la croissance en jugulant l'inflation et en supprimant les branches non rentables de l'Etat, ces politiques ont réduit de manière drastique les budgets sociaux. A cela s'ajoute la dévaluation du franc CFA, intervenue en janvier 1994, qui va entraîner une très forte baisse des revenus et du pouvoir d'achat. Ces politiques d'ajustements structurels ont engendré la compression de nombreux employés du secteur formel, le chômage, le sous-emploi et le renforcement des mécanismes d'exclusion.

Néanmoins avec l'érosion du pouvoir qui s'en est suivi, le Sénégal a entamé une ouverture démocratique et une politique de décentralisation où les organisations de sociétés civiles ont un rôle à jouer dans l'accès et la gestion des ressources. Les associations vont devenir les répondants des populations désemparées, espérant sortir de la pauvreté. Ces organisations vont constituer les relais et symboliser les espaces de solidarité que le gouvernement du Sénégal va utiliser pour sortir les femmes de leur état d'indigence. Les premiers programmes de lutte contre la pauvreté sont, cependant, basés sur une vision patrilinéaire de la famille où la femme est considérée comme un agent de reproduction et l'homme, un agent de production. La pauvreté ne serait due qu'à une planification familiale ou une santé reproductive déficiente. Pour réduire la pauvreté, il fallait agir sur le comportement reproductif de la femme en mettant en place des programmes de planning familial et de protection maternelle infantile, relayés par les associations de femmes. Néanmoins, ces différentes initiatives tardent à montrer leurs effets bénéfiques sur les populations. Des problèmes structurels, liés aux rapports de genre, continuent de miner l'économie sénégalaise.

En effet, la culture patriarcale, issue des influences chrétienne, musulmane et coloniale, a fortement réduit l'autorité des femmes. Le pouvoir est entre les mains des hommes, que ce soit dans la famille (sphère domestique), dans la société civile (sphère sociale) ou encore au sein de l'Etat (sphère politique). Ces rapports d'inégalité entre sexes et entre catégories sociales ont pesé fortement sur les rôles des femmes (Diouf et Sow 1993 ; Goerg 1997 ; Sow 1997 ; Diaw 2004). Elles doivent se battre contre des pratiques culturelles sexistes qui caractérisent leurs relations avec les hommes. Ce mode patriarcal de gestion des rapports sociaux a entraîné une quasi absence des femmes des instances de décision jusque vers la fin des années 1980.

La traduction de l'ouvrage d'Esther Boserup (1983), qui insiste sur le rôle productif des femmes et sur les différentes exploitations et inégalités qu'elles subissent, favorise l'émergence d'autres réflexions sur la participation de la femme au développement économique. C'est dans cette perspective qu'a été mis en place un cadre institutionnel de « l'intégration des femmes au développement » qui se transformera par l'institutionnalisation de l'approche genre dans les politiques de développement. Il se matérialise par la création de structures ministérielles (ministère de la Femme, Secrétariat d'État à la Condition féminine, et aujourd'hui ministère du Genre). Ces institutions sont renforcées par l'aide internationale et suppléées sur le terrain par les ONG avec l'élaboration de politiques et d'actions en direction des femmes.

Ces progrès sont à mettre en rapport avec l'évolution des droits des femmes au plan mondial dans le sillage de la Convention des Nations Unies sur l'élimination de toute forme de discrimination à l'égard des femmes de 1979, de la Décennie des Nations Unies pour la femme (1975-1985) et du Protocole à la Charte africaine des Droits de l'Homme et des Peuples relatif aux Droits de la Femme en Afrique, adopté en 2003 à Maputo, par les chefs d'État de l'Union Africaine. Cet environnement mondial favorable a contribué à la reconnaissance des droits des femmes et de l'importance de l'analyse des rapports sociaux de sexe pour comprendre les sociétés.

Au Sénégal, pour faire face à la féminisation de la pauvreté, les actions vont dans le sens de l'accroissement de leur productivité en leur proposant des possibilités d'emploi ou des activités génératrices de revenus. Cette perspective est appuyée d'une démarche « *efficacité* » qui considère que les potentialités des femmes sont sous-utilisées. Il fallait lutter, par conséquent, pour une meilleure participation économique de celles-ci à l'économie et utiliser leur « *capability* » (pour utiliser le terme d' Amartya Sen 1998). C'est la stratégie de la responsabilisation communautaire qui se fonde sur les décisions et solutions préconisées par les populations, appuyées par les élus locaux pour résoudre les problèmes socioéconomiques auxquelles les femmes sont confrontées en fonction de leurs besoins et de leurs capacités. La problématique du développement prend désormais en compte les dimensions liées au genre et aux inégalités sociales.

Avec l'alternance politique intervenue en 2000, des réformes égalitaires entre les genres ont été initiées par le nouveau régime, incarné par le Parti Démocratique Sénégalais. Les programmes mis en place tiennent compte de la vision du Nouveau Partenariat pour le Développement de l'Afrique (NPDA) et des Objectifs du Millénaire pour le Développement (OMD). Le gouvernement va lancer parallèlement de nouvelles initiatives destinées au monde rural en développant l'agriculture qui souffre de l'irrégularité de la pluviométrie, d'une faible productivité et de la baisse croissante des cours des produits de rente comme l'arachide ou le coton. Il s'agit du Plan de Retour Vers l'Agriculture (Plan REVA) et de la GOANA (Grande Offensive Agricole pour la Nourriture et l'Abondance).

Ces différentes activités vont sensiblement améliorer la situation des femmes. Cela se traduit par une plus grande autonomisation sur le plan économique. Au niveau politique, il y a une légère augmentation de la présence féminine dans les instances de décisions. 11,19 pour cent des élus locaux sont des femmes. Elles sont plus de cinq dans les récents gouvernements. Elles représentent 37 pour cent du total des sénateurs. La loi sur la parité homme-femme dans les fonctions électives a été récemment votée le 14 mai 2010.

Toutefois, toutes ces initiatives en faveur des femmes sont ternies par un contexte socioéconomique morose. L'économie néolibérale a appauvri les femmes, les services de base et les financements ont été grandement réduits, le VIH/Sida se féminise et les violences sexuelles à l'égard des femmes sont en recrudescence. Les fractures sociales, provoquées par les restructurations politiques et les transformations sociales de ces deux dernières décennies, aggravent le déséquilibre des rapports hommes-femmes. Celles-ci s'accompagnent d'une fragilisation des repères qui se manifeste à travers un renouveau des religions (islam, christianisme, pentecôtisme et leurs corollaires fondamentalistes).

La résurgence de multiples fondamentalismes qui instrumentalisent la religion, la société et le politique a une incidence certaine sur les rapports sociaux de sexe et contribue au renforcement des discriminations à l'égard des femmes. Ils constituent des espaces de résistance des valeurs patriarcales et de développement des stéréotypes sexistes à l'égard de la gent féminine. Ce droit de regard et d'influence des institutions religieuses et coutumières qui porte sur des domaines aussi importants que le mariage, le divorce, l'héritage, etc. constitue un enjeu lourd de conséquences sociopolitiques et idéologiques.

La question qui se pose est quel en est l'impact sur les comportements des ménages, d'autant plus que ces institutions véhiculent des valeurs sociales et culturelles en défaveur des femmes. Ainsi, dans un pays à forte communauté musulmane comme le Sénégal (plus de 90% de la population totale), certaines pratiques islamiques (polygamie, héritage, veuvage, l'accès à la terre...) étaient déjà introduites dans les lois gouvernant la famille. Dans les années 2002-2003, la pression islamiste s'est exercée pour une non révision des législations familiales, mises en vigueur après les indépendances, telles que les questions d'héritage dans la constitution ou le code de la famille (comme la question de l'autorité parentale qui fait l'objet d'un grand débat au Sénégal), des allocations familiales, la possession de terre, et qui défavorisent les femmes et les filles (Sow 2002:34). Leur exigence de l'application du droit musulman dans le code national de la famille sont des défis pour les organisations de femmes dans les décennies à venir.

C'est l'ensemble de ce contexte économique et sociopolitique qui va marquer les organisations féminines et leur donner leur visage actuel. Ces expériences historiques, économiques, sociales et politiques vont également impacter le vécu citoyen des femmes et leurs formes de mobilisation et d'actions collectives.

2

Résultats de la recherche

Profil des organisations de femmes

Les organisations de femmes sont des associations regroupant des femmes qui ont décidé librement de se mettre ensemble sur la base de leur conception partagée de leur condition en vue de défendre leurs droits. Les associations se distinguent entre elles par leurs objets de lutte, leur orientation idéologique, leurs activités, leurs méthodes d'actions, les moyens et les ressources mises en œuvre pour atteindre ses objectifs ainsi que les différentes actions envisagées.

Date de création et conditions d'émergence

Selon les résultats de l'enquête, la majorité des associations de femmes a été créée entre 1980 et 2000. Mais certaines existaient bien avant les années 60. Il faut souligner qu'avant la reconnaissance de la liberté d'association comme droit fondamental reconnu par l'article 20 de la Déclaration universelle des droits de l'homme de 1948, les regroupements de femmes ont toujours existé dans les sociétés sénégalaises. Ces dernières se réunissaient traditionnellement en classe d'âge (maas en wolof), en fonction de l'appartenance de genre (*mbootaay* en wolof), ou de confrérie (dahira). Ces formes cohabitaient durant la période coloniale avec des associations d'ordre œcuménique et caritatif (avec le développement du christianisme et des confréries religieuses). En fait, les années post-indépendances avec le système de parti unique a vu la naissance d'organisations syndicales, estudiantines, de mouvements d'obédience marxiste ou féministe. Suite aux tensions sociales de mai 68, l'Etat a tenté de normaliser le mouvement social avec le Code des obligations civiles et commerciales qui régule à la fois les structures de commercialisation, les partis politiques, la société civile (société civile professionnelle et associations[9]), etc.

A la fin des années 80, le nombre des associations n'a cessé d'augmenter. Le développement des mouvements associatifs est lié au régime de parti unique qui s'est mis en place après les indépendances, les femmes étant exclues du jeu politique. Les associations leur offraient des lieux d'expression et de pratique de leur citoyenneté. Les organisations de femmes, sous forme d'amicales, d'associations professionnelles ou religieuses, constituent des espaces féminins très dynamiques. Ce dynamisme est surtout observable en milieu rural, notamment avec le développement des groupements de promotion féminine.

Cette augmentation est également liée à la crise qui a touché le pays. Les conséquences de la sécheresse des années 70, de la détérioration des termes de l'échange, les fluctuations des prix du pétrole, la crise énergétique vont plonger les populations dans la pauvreté. Malgré l'appui de la coopération internationale, l'Etat n'arrive pas à juguler la crise qui fut aggravée par les politiques d'ajustements structurels. Face au désengagement de l'Etat sur le plan social, les associations ont dû prendre en charge les préoccupations des populations, surtout féminines. Cela a entraîné une modification et une diversification de leur objectifs et actions. On assista à l'émergence d'associations de quartier, de village, d'entraide dans les zones rurales, surtout sous la forme de groupements d'intérêts économiques (GIE) ou de promotion féminine (GPF). Ce contexte a aussi favorisé le développement et l'apparition de nouvelles formes d'associations, comme les Organisations Non Gouvernementales (ONG), spécialisées dans la lutte contre la pauvreté.

Déjà en 1987, le pays comptait au moins 6 816 groupements féminins. Aujourd'hui, ils sont plus d'une dizaine de milliers et le département de Dakar enregistre, à lui seul, environ 3 800 associations de femmes. Le nombre de membres varie en moyenne entre 50 et 100. Les fédérations et les réseaux composés de plusieurs organisations peuvent avoir des milliers d'adhérentes, mais ces exemples sont peu nombreux.

Grâce à l'ouverture démocratique à partir des années 90, plusieurs autres organisations de femmes, réunies sous forme de réseau de plusieurs associations, ont vu le jour, participant ainsi à la pluralité du mouvement associatif, à sa diversité, à sa spécialisation dans des domaines d'intervention bien déterminés et à une plus grande couverture géographique du pays et, enfin, à son autonomisation croissante.

D'autres organisations sont nées dans des contextes bien précis, par exemple à la suite de violences faites aux femmes (le Comité de Lutte contre les Violences aux Femmes), ou en situation de conflits (comme en Casamance avec la Plateforme pour la paix).

Les conditions d'émergence des associations au Sénégal ne trouvent pas leur écho dans les théories sur l'origine des mouvements sociaux en Europe. La tendance est de les lier à la modernisation, à l'industrialisation, à l'urbanisation et à la naissance d'une classe moyenne. En revanche au Sénégal, le besoin des femmes de se regrouper pour résoudre leurs problèmes est antérieur à l'arrivée des Européens et à la modernité. En outre, sont concernées les femmes indigentes et celles qui sont en milieu rural ou périurbain.

Les organisations de femmes au Sénégal sont multidimensionnelles. Ces structures peuvent être affiliées à un parti ou être apolitiques, leur durée de vie peut être longue ou éphémère, elles peuvent être locales, nationales ou internationales. Leurs membres peuvent appartenir à la même classe d'âge, être de la même catégorie sociale ou professionnelle. Elles peuvent aussi être constituées de membres de différents horizons d'un point de vue ethnique, social, professionnel ou confessionnel. Tous ces aspects montrent la grande diversité, dans leur origine et dans leur nature, des organisations de femmes dans le pays.

Institutionnalisation et gouvernance des organisations féminines

L'Etat a joué un rôle très important dans l'institutionnalisation des associations à partir des années 80. En fait, le ministère de l'Intérieur détermine le cadre légal de fonctionnement des associations, des groupements d'intérêt économique et des organisations non gouvernementales[10]. Les associations « *à but d'éducation populaire et sportive, à caractère culturel, communautaire, socioprofessionnel et de participation à l'effort de santé publique* » sont légalement reconnues à travers l'octroi d'un récépissé. Le droit d'existence légal est aussi accepté par le même ministère (par délégation de pouvoir au gouverneur de région depuis 1997) à travers la loi 84-37 sur les groupements d'intérêt économique. Cependant sur les milliers recensés, seulement 18 pour cent ont un statut juridique (figure 1). Les associations qui ont une envergure nationale, régionale ou internationale peuvent demander à être agréées en qualité d'Organisation non Gouvernementale. Ce fut le cas pour l'AFAO (devenue RFAO), la FAFS, Femme Africa Solidarité, AFARD, etc. Le Décret N° 96 103 (modifiant le Décret 89 775 du 30 juin 1989) fixe les modalités d'intervention de ces ONG. Toutefois, cet enregistrement n'est qu'une obligation pour les organisations communautaires de base comme les *dahiras* ou les *mbootaay*. Beaucoup d'associations ne disposent pas de siège et sont hébergées au domicile de la présidente de la structure.

Figure 1 : Statut juridique des organisations de femmes

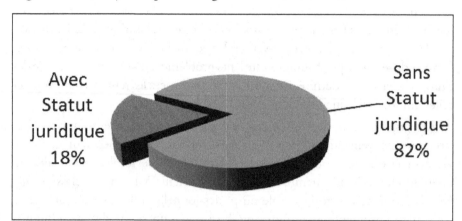

Malgré l'impression d'un manque de hiérarchie formelle, les organisations de femmes[11] sont, néanmoins, des structures plus ou moins organisées, avec une présidente à leur tête. La majorité possède au moins un bureau et une assemblée générale qui en sont les organes de décision. Le bureau, qui est chargé de la mise en œuvre des décisions de l'Assemblée générale (AG), se compose généralement d'une présidente, d'une vice-présidente, d'une secrétaire générale, d'une secrétaire générale adjointe, d'une trésorière et d'une trésorière adjointe. L'AG délibère sur les rapports relatifs à la gestion du bureau et à la situation morale et financière de l'association. Elle approuve les comptes de l'exercice clos, vote les budgets et procède au renouvellement de l'organisme de direction. Ce genre de fonctionnement est observé dans les groupements de promotion économique et les groupements d'intérêt économique. Les organisations plus structurées, comme les ONG, ont un comité directeur, un conseil d'administration, et dans le bureau coexistent différentes commissions (juridique, sociale, finances, communication, etc.). Les fFédérations et les réseaux composés de plusieurs associations, comme par exemple la FAFS, Siggil Jigeen, la FGPF, RAFAO ou le CLVF, ont des antennes, des cellules régionales ou départementales. D'autres organisations, comme le COSEF, le Grefels ou l'AFARD, disposent d'un comité scientifique. L'AFARD possède également des Groupes Nationaux, des Fora des Jeunes Chercheurs/ses.

Chaque association, reconnue par l'Etat, dispose d'un statut et d'un règlement intérieur qui définissent les règles de fonctionnement, notamment les tâches des membres du bureau, les mandats de pouvoir, etc. Malgré cette formalisation par l'Etat, la plupart de ces organisations revendiquent leur autonomie politique. La durée des mandats est en moyenne de deux ans dans la majorité des associations.

Les résultats de l'étude montrent que très peu d'organisations de femmes mettent des limites au renouvellement des mandats. Cette situation est à mettre en relation avec le faible niveau d'instruction des membres. C'est le plus souvent une ou deux personnes qui sont instruites dans les groupements, à charge pour elles de diriger sur la longue durée.

Le consensus est recherché dans les prises de décision bien que le vote à la majorité soit stipulé dans les statuts des associations. Cette méthode de gouvernance est perçue comme la participation de toutes au processus décisionnel. Elle permet d'éviter les conflits et laisse la place au compromis. Selon les personnes enquêtées, le but recherché est un climat de travail collectif, fait de respect, de confiance et d'amitié, voire d'affectivité.

Les ressources des associations proviennent des droits d'adhésion des membres, de leurs cotisations, des subventions, des dons et legs, des produits de leurs publications et prestations, des revenus tirés d'activités génératrices de revenus ou de leurs biens, des contributions des partenaires au développement ou de tout autre source et moyen de financement légaux. Certaines organisations disposent de leur propre caisse ou crédit mutuel. Certaines associations continuent, par ailleurs, à utiliser la tontine, un système traditionnel d'épargne et de mise en commun des ressources.

Identités des responsables et membres des organisations de femmes

L'appartenance à une association est fondée sur une souscription volontaire. Pour l'ensemble des associations de femmes étudiées, l'acception de la qualité de membre est déterminée tout d'abord par l'identité féminine. L'adhésion est aussi caractérisée par le partage de la même conception du monde, l'acceptation des mêmes combats, des mêmes buts et objectifs d'améliorer les conditions de vie des femmes. Ces militantes sont unies par des liens de sororité et d'amitié et le sentiment d'appartenir à une même famille. L'association peut être aussi un lieu d'intégration sociale où des émotions se partagent.

Les organisations qui se réclament du féminisme, comme Yewwu Yewwi, Grefels, ORGENS, travaillent en majorité sinon exclusivement avec les femmes et cette conception influe dans leurs actions et projets. Cette auto-identification au féminisme constitue un des facteurs d'unité des membres. L'acceptation de la défense des causes des femmes est un préalable à l'adhésion au groupe.

Selon les associations féminines interrogées, le niveau d'instruction est très faible, parfois inexistant. Une minorité a pu être alphabétisée. Dans la plupart des cas, c'est la présidente de la structure qui est instruite et qui s'occupe de la direction de l'ensemble des activités.

La majorité des femmes leaders est née à une période où la contestation coloniale mûrissait d'un point de vue politique. Celles dont les parents s'investissaient en politique avaient la possibilité d'assister et même de participer très tôt à des meetings politiques, organisés par les partis de l'époque. Cette même expérience est partagée par les femmes qui ont vécu dans des quartiers ou des villages, marqués par l'effervescence politique. Elles ont, par conséquent, pu faire leurs armes aux côtés d'un leader politique (un parent ou un mentor tout simplement). Pour certaines, leur militantisme remonte déjà à leur participation en tant que déléguée dans les grèves lycéennes et estudiantines, ou dans les mouvements des jeunes dans un parti politique. Leur engagement vient aussi de la formation citoyenne et de l'éducation qu'elles ont reçues à l'école, en famille et dans les mouvements associatifs, etc. D'autres nous ont avoué avoir reçu une culture de la citoyenneté en militant très jeunes dans le mouvement pionnier. Elles ont fait partie des mouvements d'action catholique (comme les Cœurs vaillants et Ames vaillantes, Cv-Av) ou de scoutisme.

L'engagement d'autres présidentes s'est affermi au sein des premières organisations de femmes comme le Zonta Club, le Club Soroptimist, l'Amicale des secrétaires de la présidence, l'Amicale Germaine Legoff, l'Association des originaires du Walo, l'Amicale des anciennes normaliennes, etc. Certaines ont beaucoup appris des mouvements féministes des années 60, comme le Yewwu Yewwi. Ces différentes expériences ont forgé leur personnalité et leur ont permis d'acquérir le leadership nécessaire pour diriger les organisations de femmes.

Le désir de défendre les droits des femmes, nous expliquent quelques dirigeantes de groupement, vient de leur indignation face à la féminisation de la pauvreté et aux inégalités de genre. Elles ont été sensibles au caractère hiérarchique de la société sénégalaise qui excluait certaines catégories sociales ou ethnies, etc. Elles ont été aussi confrontées à des pratiques discriminatoires ou d'oppression à différents niveaux : politique, syndical, professionnel, social, économique, etc.

Celles qui sont arrivées plus tardivement dans le mouvement associatif tiennent leur engagement de leur profession d'éducatrice, d'enseignante, de juriste, ou de métiers liés à la santé qui leur font prendre conscience de la condition féminine. C'est pourquoi on retrouve beaucoup d'enseignantes et de juristes dans la direction des associations de femmes.

Les plus jeunes ont renforcé leurs capacités en profitant de l'environnement de la société civile qui s'est diversifié et en travaillant avec des organisations de femmes comme la FAFS, le réseau Siggil Jigeen, l'AJS, le COSEF, l'AFARD, le Grefels ou l'Orgens, etc. Ce profil d'expériences militantes correspond surtout aux femmes qui ont fait des études supérieures et ont pu faire bénéficier ces structures de leur expertise.

Objectifs des associations

Les associations féminines ont généralement pour objectifs l'amélioration du statut économique et social des femmes par la promotion des droits juridiques, économiques, socioculturels et politiques des femmes. Ce sont des intérêts de quartier qui les lient. Ce sont aussi des affinités économiques ou religieuses qui les réunissent. Leurs objets portent le plus souvent sur des activités économiques, religieuses, culturelles, éducatives, ou familiales, etc. Sans devenir lucratives, les associations peuvent avoir des activités variées : promotion d'activités économiques, défense d'une catégorie de personnes (les jeunes filles, les handicapés, professions diverses...), action sociale et humanitaire (distribution de nourriture, garde d'enfants...), regroupement de professionnels, animation d'un quartier ou d'une ville, etc.

Certaines ont des objectifs plus généraux comme la promotion des droits des femmes (FAFS, APROFES, COFDEF, Réseau Siggil Jigeen, FEMNET, AFARD/Sénégal, Grefels, etc.), d'autres ont des buts plus spécifiques en relation aux questions juridiques et politiques (AJS, CIJ/RADI, COSEF, ORGENS, GREFELS, etc.), aux droits de la reproduction (ASBEF, COSEPRAT, etc.).

La lutte contre la pauvreté constitue l'un des objectifs principaux des groupements de promotion féminine qui ont été réunis en Fédération des Groupements de Promotion Féminine (FGPF). On y retrouve les groupements d'intérêt économique (GIE) au sein de l'une des organisations les plus anciennes et les plus importantes, la Fédération des Associations de Femmes Sénégalaises (FAFS), une organisation non gouvernementale sénégalaise au service du développement du pays.

Des organisations peuvent se regrouper avec des objectifs spécifiques, comme le CLVF, le COSEPRAT. Le CLVF se charge surtout de «contribuer à l'éradication de toutes les formes de violences faites aux femmes et aux enfants». Le COSEPRAT (Comité Sénégalais sur les Pratiques Traditionnelles Ayant Effet sur la Santé de la Mère et de l'Enfant) se bat pour l'abandon « des pratiques traditionnelles ayant effet sur la santé de la mère et de l'enfant ».

En plus de lutter pour l'intégration économique au sein de la sous-région ouest-africaine, des organisations sous-régionales comme la RAFAO (ex AFAO), le Wildaf ou la FAS (Femme Africa Solidarité) ont un statut d'observateur attitré aux sommets de la CEDEAO où elles peuvent exercer un rôle de lobbying et faire des plaidoiries auprès des autorités étatiques.

Domaines d'intervention et activités en faveur des femmes

Les secteurs d'activités dans lesquelles interviennent les associations des femmes peuvent être divisés en sections suivantes selon les objectifs visés :

Les activités économiques

Concernant les groupements féminins, l'ensemble de leurs activités tournent surtout autour du commerce et des transformations agricoles (tableau 2 et figure 2 :

- activités agricoles, maraîchages ou micro-jardinage ;
- transformation de produits agricoles, banque de céréales ;
- activités commerciales : vente de produits alimentaires à coût réduit (cacahuètes, beignets, crèmes glacées, jus de fuit locaux, légumes, produits halieutiques, poissons, friandises, plats cuisinés, condiments…), revente de produits manufacturés (alimentation, friperie, tissus, cosmétiques, chaussures, tannerie, maroquinerie, ustensiles de cuisine…), exploitation et vente de sel, savonnerie, location de matériels (chaises, bâches, ustensiles de cuisine, etc.), traiteur ;
- activités artisanales : poterie, teinture, maroquinerie, vannerie, ateliers de couture et de broderie, salons de coiffure ;
- restauration, service traiteur ;
- élevage, aviculture, embouche ;
- pêche, mareyage ;
- garderie d'enfants, centre aéré, colonies de vacances, éducation d'enfants démunis comme les talibés ;
- activités financières avec les mutuelles d'épargne et de crédit ;
- autres activités : les femmes investissent également dans des secteurs jusque-là dominés par les hommes, comme la quincaillerie, le bâtiment (fabrique de briques), la droguerie, les travaux publics (infrastructure, hydraulique), sérigraphie.

Tableau 2 : Représentativité des activités dans les groupements féminins à Dakar

Activités	Pourcentage
Commerce	38,9
Teinture	14,7
Centre de couture	11,6
Maraîchage	6,3

Aviculture	5,3
Transformation produits de mer/pêche	4,7
Transformation fruits et légumes	4,2
Foyer amélioré	4,2
Agriculture	2,6
Embouche	1,6
Tannerie	1,1
Banque de céréales	1,1
Boutique communautaire	1,1
Restauration	0,5
Exploitation du sel	0,5
Fabrique de brique	0,5
Case foyer	0,5
Infrastructures hydrauliques	0,5
Total	**100,0**

Travaux d'assainissement

Ces actions s'inscrivent dans le cadre de l'amélioration de l'environnement et des conditions de vie des populations périurbaines. Il s'agit de l'extension du réseau d'eau potable de l'implantation de bornes fontaines, de puisards, de latrines individuelles, d'acquisition de charrettes pour la collecte des ordures, de la voirie et de l'éclairage. Ces actions d'assainissement sont le fait de groupements de femmes se trouvant dans la zone périurbaine et qui veulent améliorer leurs habitats.

Actions dans l'environnement

La dimension environnementale a été impulsée avec l'aide d'ENDA qui pense que le développement durable devrait être la conséquence d'une gestion participative de l'environnement. C'est ainsi que quelques groupements de promotion féminine ont reçu une formation en reboisement et en gestion de l'environnement.

Activités religieuses et socioculturelles

Les organisations de femmes comme les dahiras ou les associations de femmes catholiques ont, en plus du commerce, des activités religieuses et éducatrices. Leurs actions portent sur l'organisation de cérémonies religieuses (ziara, pèlerinage, conférences religieuses, etc.) Des enseignements en arabe, des écoles coraniques font aussi partie des actions des associations musulmanes qui luttent contre la mendicité.

Des organisations catholiques, comme C.U.D.A.F.C.S. (Coordination des Unions Diocésaines des Associations Féminines Catholiques du Sénégal) et Sope Mariama, consolident les liens de solidarité entre les membres en aidant les plus démunis.

Activités liées à la santé

Dans le but d'améliorer la santé reproductive des femmes, natale et néo-natale, les soins sanitaires en général, des associations mettent en place des cases de santé et des boutiques de santé dans les villages (ce sont les cas du RADI, de l'ANSFES, de l'Association Nationale des Sages-Femmes d'Etat du Sénégal).

Certaines organisations, comme la section sénégalaise de la SWAA (Society for women and Aids in Africa) et FEMNET, s'investissent dans la lutte contre la vulnérabilité des femmes et des jeunes filles par rapport au VIH/Sida. Cela se traduit par la prise en charge des femmes, des jeunes et des enfants infectés ou affectés par le VIH/Sida.

Elles s'investissent aussi dans la prise en charge des questions de santé de la reproduction, des IST/Sida à travers des activités de formation, de plaidoyer, de sensibilisation des femmes, des jeunes, des travailleurs du sexe. Elles s'occupent ainsi de promotion et de distribution des préservatifs masculins et féminins ainsi que de la mobilisation communautaire pour le dépistage volontaire.

Défense des droits des femmes

Les droits juridiques des femmes sont défendus à travers des activités d'information et de communication. Des boutiques de droit ont, par exemple, été créées par l'AJS pour informer les femmes sur leurs droits. Un centre d'écoute a été mis en place par l'ADEFAP (Association pour le développement des femmes avicultrices de Pikine) pour lutter contre les violences faites aux femmes.

Activités de consolidation de la paix

Des activités en faveur de la paix en Casamance sont observées dans les associations se trouvant dans cette région, touchée par un conflit séculaire. Sur le plan national, des initiatives de paix ont été prises lors des dernières élections présidentielles qui ont été caractérisées par une montée des violences. Elles ont été dirigées par la Plateforme de veille des femmes contre la violence, appelée « Ettu Jamm » ou « Women Situation Room ». Sa mission est de prévenir les conflits et de mener des médiations auprès des parties prenantes. La Plateforme est coordonnée par Binta Diop de l'ONG Africa Solidarité. On y retrouve aussi, comme organisations et figures marquantes, la RAFAO avec Khady Tall Fall et Fatou Sow Sarr du laboratoire genre de l'IFAN.

Figure 2 : Représentativité des activités dans les associations de femmes à Dakar

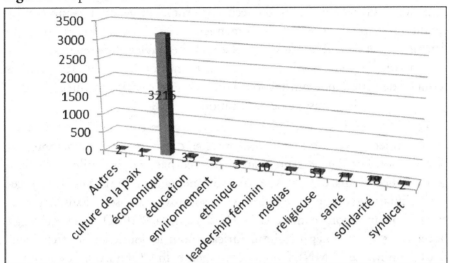

Moyens d'actions

Les moyens d'actions utilisés par les associations pour réaliser leurs objectifs sont le plus souvent la formation, le plaidoyer, la sensibilisation. Certaines organisations utilisent également la publication comme moyen d'information et les nouvelles technologies comme support de communication.

Formations pour le renforcement des capacités

La majorité des organisations de femmes comptent parmi leurs activités des actions en information, éducation et communication. Les formations[12] proposées portent généralement sur l'alphabétisation en langues nationales et/ou un apprentissage en techniques de teinture, de couture, de gestion commerciale, en maraîchage, en aviculture, en environnement, en embouche bovine, en technique de transformation et de conservation des fruits et légumes ou de produits halieutiques ... Ces formations de renforcement de capacités sont destinées aux membres (groupes à la base), situées dans les zones rurales et semi-urbaines, pour leur permettre de mener des activités génératrices de revenus.

Des organisations de femmes comme la FAWE ont initié des programmes d'alphabétisation (apprendre à lire, écrire et compter) des adultes dans les villages les plus reculés et de maintien des filles à l'école. Le Forum des Educatrices Africaines/Sénégal (Fawe) octroyait des bourses d'étude et des trousseaux scolaires aux filles. Fawe primait également les jeunes filles les plus méritantes et avait mis en place pour elles un système de mentors et de tutorat.

ORGENS (l'Observatoire des Relations de Genre dans l'Éducation au Sénégal (ORGENS) a effectué des recherches sur les inégalités de genre dans les conditions d'apprentissage, dans les manuels scolaires, dans les relations entre l'enseignant et de l'élève. Cette ONG a également relevé les conséquences de ses rapports de pouvoir selon le sexe dans l'échec ou la réussite scolaire. Les résultats de cette étude ont favorisé la révision de certains manuels scolaires par les services du ministère de l'Education.

Les formations ont concerné d'autres domaines comme les questions de santé (Projet de renforcement des capacités des organisations membres en planification familiale et santé maternelle, néo-natale et infantile), de bonne gouvernance, de paix et sécurité, d'environnement (assainissement, changement climatique...), de gestion de la vie associative. Elles sont assurées par les grandes organisations comme la FAFS, Wildaf, la RAFAO, le réseau Siggil Jigeen, le RASEF/Sénégal (Réseau Africain pour le Soutien à l'Entrepreneuriat Féminin). Le FEMNET ou le réseau genre du CONGAD. Les informations sur les questions sanitaires sont le fait d'associations comme l'ANSEF, la SWA, le RADI (Réseau africain pour le développement intégré). La formation porte aussi la valorisation de la production textile artisanale (teinturières, couturières et maroquiniers) avec l'appui du PNUD.

Des ONG comme l'AFARD s'intéressent à la formation à un niveau supérieur avec l'organisation de sessions de formations sur les méthodologies de recherche en genre, en initiant des jeunes filles à la recherche. A cet égard, un programme leadership leur est dédié pour renforcer davantage leurs compétences.

Les associations des femmes catholiques, comme MFCS (Mouvement des Femmes Catholiques de Sénégal), CUDAFCS (Coordination des Unions Diocésaines des Associations Féminines Catholiques du Sénégal) ou Siggil Mariama, organisent des réflexions sur l'organisation des cérémonies familiales (baptême, communion, mariage, décès) pour éviter le gaspillage. Elles proposent aussi des formations spirituelles, des conférences de partage de l'évangile, de récollection ou de pèlerinage.

La légitimité de l'action associative se fonde sur une dimension éducative qui vise non seulement à moderniser les femmes, mais aussi à les pousser à lutter contre des principes culturels qui les discriminent. La formation consiste à les doter de capacités pour lutter contre les pratiques sexistes qui se manifestent au sein de la famille, sur le marché du travail, dans les structures politico-juridiques et dans la production culturelle et idéologique.

Financement à travers les tontines ou l'octroi de microcrédit

Beaucoup d'associations continuent d'utiliser la tontine. C'est une construction ancienne tournée vers l'autogestion, une forme d'épargne palliative qui résout certaines contingences matérielles et permet de resserrer les liens sociaux. Ces revenus sont utilisés dans le ménage et lors de cérémonies familiales essentiellement. Il y a également les systèmes d'échanges solidaires comme les banques de temps, monnaies communautaires mises en place et financées par des partenaires comme l'Union Européenne, le Fonds Canadien de Développement, ENDA GRAF, FAO, ou ENDA PRONAT.

Construction d'infrastructures et octroi d'équipements

Des dons en matériels sont proposés aux femmes, comme les moulins ou des décortiqueuses, destinés à l'allègement des travaux domestiques. Ces équipements sont aussi fournis pour renforcer l'efficacité de ces Groupements d'Intérêt Economique. Des unités de transformation des céréales locales, des banques céréalières, des boutiques villageoises sont créées pour faciliter la production et l'écoulement des produits. Des équipements de la sécherie pour la transformation des produits halieutiques sont offerts aux organisations de femmes se trouvant dans la zone maritime, notamment à Rufisque, à Yoff, etc. Les aménagements concernent la réfection des claies de séchage, la construction d'entrepôt, leur électrification et leur raccordement au réseau d'eau.

Plaidoyer, sensibilisation et lobbying

Des campagnes de sensibilisation sur des domaines touchant les droits des femmes se font en organisant des séminaires, des congrès, des colloques, des cercles d'études, des forums, des conférences, des tables rondes et des ateliers. Le plaidoyer et le lobbying pour l'effectivité des droits de la femme se font surtout auprès des autorités, des décideurs ou des acteurs politiques, judiciaires ou extrajudiciaires, etc. Le plaidoyer (avec le COSEPRAT, par exemple) consiste aussi à sensibiliser les populations sur les conséquences néfastes des pratiques relatives aux mutilations génitales féminines (MGF), les mariages précoces et le gavage.

Les associations religieuses organisent des conférences-débats sur des thèmes aussi variés que la famille, le mariage, les droits des femmes, l'éducation des enfants, sur les pesanteurs sociales telles que le veuvage, l'éducation des filles, etc. Tous les sujets qui peuvent libérer les femmes sont abordés. Avec le WILDAF/FEDDAF (Women in Law and Development in Africa), le Sénégal a mené une campagne « Ratifier et Respecter » les instruments régionaux et internationaux en faveur des femmes, notamment la Convention sur l'élimination de toutes formes de discrimination à l'égard des femmes (CEDEF) ou le protocole à la Charte africaine des droits de l'homme et des peuples relatif aux droits de la femme.

Le Collectif Sénégalais des Africaines pour la Promotion de l'Education Relative à l'Environnement (COSAPERE) organise des activités de reboisements. Le Collectif incite le secteur informel et les populations de la base à une culture environnementaliste en faisant des causeries, en posant des affichages, ou en utilisant d'autres supports de diffusion comme les tee-shirts, les casquettes…

Concernant la paix en Casamance, les plaidoyers s'effectuent auprès des acteurs concernés, des appels à la paix sont lancés. Des campagnes anti-mines sont également lancées. Les pièces de théâtre et le chant sont également employés comme des supports de communication pour faire passer les messages de sensibilisation. Les émissions radiotélévisées, l'internet sont aussi des moyens d'information sur la situation des femmes. Sur le plan national, la Plateforme de veille des femmes contre la violence a organisé au CICES une grande mobilisation pour délivrer un message de paix à l'endroit de tous les acteurs politiques et dire halte à la violence. La Plateforme avait également déployé 50 observateurs lors des élections du 26 février 2012.

Travaux de recherche et publications

Les grandes organisations effectuent des recherches et participent à la publication d'articles, de bulletins périodiques, de rapports d'études et d'ouvrages, consacrés à des thématiques touchant les femmes. Les publications, les plus pertinentes et récemment publiées sont les suivantes :

- *Femme, éthique et politique* , COSEF / Fondation Friedrich Ebert, 1997 ;
- *Démocratie où es-tu* ? COSEF / UNIFEM, 1998 ;
- *Femmes et alternance au Sénégal : quelles stratégies pour les prochaines scrutins* ? COSEF / UNIFEM / IAD, 2000 ;
- *Guide de la candidate*, COSEF / NDI, 2001 ;
- *Manuel des formateurs*, COSEF / NDI, 2001 ;
- *La parité : enjeu démocratique*, COSEF / RADDHO, 1999 ;
- *Réalité-préservatif féminin*, SWA, mai 2009 ;
- *Actes du séminaire d'élaboration d'un modèle de loi sur la parité* , COSEF, 2011 ;
- *Brochure sur la parité*, COSEF, 2011.

L'AFARD a contribué pour sa part à la publication d'un certain nombre d'ouvrages basés sur une approche genre de thématiques touchant de très près les femmes :

- *Femmes et développement rural*, AFARD, 1986 ;
- *Femmes et reproduction en Afrique*, AFARD, 1992 ;
- *Femmes et média en Afrique*, AFARD, 1992 ;
- *Femmes et démocratisation en Afrique : enjeux*, AFARD, 1996 ;
- *Genre et VIH/SIDA en Afrique*, AFARD, 2003 ;
- *Femmes et violences en Afrique*, AFARD, 2005 ;
- *Genre et politiques néolibérales*, AFARD, 2006 ;
- *Perception et représentations des Africains et Africaines de l'égalité*, AFARD, 2007 ;
- *Le féminisme face aux défis du multiculturalisme*, AFARD, 2009 ;
- *Genre et participation politique en Afrique*, AFARD, 2010.

Constitution des organisations de femmes en mouvements sociaux : représentations et réalités

Définition et représentation du mouvement social des femmes au Sénégal

La plupart des personnes interrogées donnent une définition très générale du mouvement social des femmes qui est perçu comme des regroupements ou des réseaux d'organisations de femmes engagées pour une cause commune qui est la défense de leurs droits. Toutefois, une distinction est faite entre le mouvement social féminin et celui féministe.

Le mouvement féministe se distinguerait par l'importance de la notion d'identité féminine, son caractère partisan, la prise en compte des rapports sociaux de sexe, ainsi que par son combat pour l'égalité et l'équité de genre. Pour l'Association des Femmes de la Médina, le mouvement féministe exige aussi une profession de foi qui est de « croire au combat des femmes ». Il est alors considéré comme un engagement citoyen au service uniquement de la gent féminine.

Certaines organisations de femmes ajoutent une connotation psychosociale à la définition. Le mouvement social des femmes devient alors pour l'association des femmes ressortissantes de Belfort à Ziguinchor et celle de Boucotte Sindiant, ainsi que pour le Groupement de promotion féminine (GPF) de Thiès une « rencontre féminine d'entraide sociale », « un moment de partage », précise l'Adefap. Ce serait aussi un espace « de conseil, d'assistance, ... et de raffermissement des liens sociaux » pour le Mbootaay Adja Meissa de Saint-Louis. La définition que lui donne Ndèye Astou Sylla, présidente de FEMNET/Sénégal, est révélatrice de cette conception. Pour elle « le mouvement social féminin peut se définir comme un groupe de femmes constitué pour résoudre ensemble leurs préoccupations sociales en vue de satisfaire leurs besoins spécifiques dans un domaine tel que le versement des tontines durant les cérémonies familiales pour un soutien et entraide ». Ces valeurs de solidarité et de sororité doivent guider le mouvement qui tire sa légitimité de la base, selon Rokhaya Gaye, responsable juridique du RADI. Il doit, par conséquent, être impulsé et reconnu par les femmes à la base. Cette perception est partagée par l'ensemble des groupements de femmes.

Pour la responsable de FAWE Ziguinchor, il est important que les membres du mouvement aient « une vision commune, un objectif commun dont la finalité est la libération de la femme ». Elle rajoute que le terme féministe donnerait « une connotation négative au mouvement … [car] Il ne s'agit pas de remettre en cause les valeurs culturelles de nos sociétés » et il ne faudrait surtout pas trahir l'idéal traditionnel de la féminité.

Toutefois, cette connotation féministe est bien perceptible dans la définition proposée par la FRGPF de la cellule de Ziguinchor, pour qui le mouvement « œuvre pour le changement de statut de la femme, la promotion des femmes dans tous les secteurs d'activités et dans les instances de décision ». Ce changement de l'ordre social, même s'il n'est pas clairement exprimé, transparaît en filigrane dans les discours des personnes interviewées. Néanmoins, la mutation féministe des associations n'est pas prête d'être réalisée. Le rejet semble être lié à la conception occidentale du féminisme, car « l'Afrique a ses réalités », comme le dit si bien Safiétou Diop du COFDEF[13] (Collectif des femmes pour la Défense de l'enfant et de la famille). Elle insiste, par ailleurs, sur les aspects « multidimensionnels et riches de diversité » du mouvement social féminin dans le pays.

A la question : le mouvement social des femmes existe-t-il au Sénégal ?

Une minorité des personnes interrogées doute de l'existence d'un mouvement social féminin. La plupart répondent par la positive. Les grandes organisations, fédérations et réseaux de femmes comme la FAFS, la FRGPF, le Réseau Siggil Jigeen, le COSEF, la Plateforme des femmes pour la paix en Casamance, Usoforal, Kabonketoor sont cités comme les illustrations parfaites de cette réalité. Les associations de femmes distinguent dans leur localité des organisations qui émergeraient en tant que mouvement. Il s'agit à Saint-Louis de Suqali Jigéen ou du FEPRODES (Fédération des Productrices de Delta du Sénégal), du COFDEF et la cellule régionale du COSEF à Thiès. C'est la plateforme pour la paix, Usoforal, Kabonkatoor et du forum des femmes de Ziguinchor et l'APROFES à Kaolack. Dakar est le lieu, par excellence, d'émergence et de déploiement de la majorité des mouvements sociaux féminins identifiés.

D'autres comme Seynabou Male de Usoforal font remonter l'existence d'un mouvement féminin fort autour des années 70-90. Cependant, cette dernière note une cassure dans cet élan « au profit de groupuscules » et d'individualités. Selon la secrétaire exécutive d'Usoforal, cela est lié au fait que « les femmes issues du mouvement 68, dépositaires du mouvement féminin, ont préféré s'investir de manière individuelle, en se positionnant et en représentant le Sénégal dans leur individualité ». Elle leur reproche de n'avoir pas su perpétuer cet héritage reçu des années 68. « Sa génération a failli dans la transmission du flambeau reçu des aînées ... Il n'y a pas eu de présentation de modèle acceptable pour la jeunesse qui n'a pas trouvé d'intérêt à s'engager. Il n'y a plus ce bouillonnement observé à cette époque », constate-t-elle.

Un autre type d'analyse est avancé par Rokhaya Gaye du RADI. Pour elle, le mouvement « existe en termes de poche et d'intérêt ». Codou Bop, coordinatrice du Grefels, trouve que cette fragmentation n'est pas gênante en soi dans la mesure où « chaque groupe poursuit et défend ses intérêts ... ». Ce sont, ajoute-t-elle, « les petits succès quotidiens, mensuels, annuels additionnés et dans dix ans on verra un bouleversement et le mouvement des femmes sera reconnu ».

Selon elle toujours, regrouper les femmes dans un mouvement unique, c'est les essentialiser. « Le mouvement féminin est certes une force globale, mais marqué par des différences, avec des groupes plus avancés qui peuvent constituer une avant-garde, les féministes ou les jeunes peut-être et d'autres qui ne sont pas avec un intérêt à long terme qui est commun à toutes les femmes, à la transformation de la société, qu'il y ait l'égalité entre les hommes et les femmes sur le long terme. Dans le court et moyen terme, chaque groupe poursuit et défend ses intérêts. A la fin de la journée, quand on additionne toutes ces réussites, on a fait un pas vers l'atteinte de cet objectif global qui est la transformation de la société... Ce sont ces petits germes de changement qui feront le tsunami qui va transformer la société, » dit-elle lors de l'interview.

En conséquence, refuser de reconnaître l'existence du mouvement social féminin au Sénégal, c'est nier à toutes ces associations de femmes leur historicité et les combats de tous les jours qu'elles mènent pour changer leur situation. Ces mouvements, même s'ils ne se réclament pas du féminisme, ont dans leurs objectifs des prises de position féministes. Yewwu Yewwi est le seul exemple de mouvement cité et qualifié de féministe. Ce malaise par rapport au concept du féminisme n'est pas un phénomène nouveau (Trat 2006) et il n'est pas propre qu'aux Sénégalaises. Des femmes en Asie (en Chine ou Inde) ou d'autres pays africains (Nigeria, Kenya) lui reprochent son origine occidental, petit bourgeois, ses idéologies et approches (Basu 1995 ; Kumar 1995 ; Oduol et Kabira 1995 ; Zhang 1995 ; Abdullah 1995).

En tenant compte des résultats de recherche, il est important de noter que le modèle occidental de mouvement social ne peut être transféré au Sénégal et que la définition du concept doit tenir compte de sa signification dans le contexte sénégalais. Ainsi, les mouvements sociaux féminins au Sénégal peuvent être définis comme des événements ou des actions au cours desquels un groupe de pression constitué par les organisations ou des réseaux de femmes qui cherchent à défendre la cause féminine en fonction de leurs idéaux et en ayant recours à différentes formes de protestation. Ces actions collectives constituent un processus qui connaît des temps forts et des moments de ruptures. De par ces traits, ils partagent avec les mouvements sociaux féminins en Tunisie, au Maroc ou en Iran leur « forme floue, diffuse et épisodique d'une réalité fragmentée », selon l'expression de Rabéa Naciri (2006), utilisée pour décrire le mouvement des femmes au Maroc à partir des années 80. L'observation faite par Homa Hoodfar du mouvement féministe en Iran pourrait également s'appliquer au Sénégal. Selon elle, le « mouvement féministe en Iran ne correspond pas au modèle classique de l'organisation centralisée et organisée possédant des dirigeants clairement établis. Il ne souscrit à aucune grande théorie. C'est un mouvement dont l'organisation est … en changement perpétuel » (Hoodfar 2008:40).

Toutefois malgré ces ressemblances, les mouvements sociaux féminins au Sénégal gardent toute leur originalité du fait de leur appartenance au contexte sénégalais, mais aussi en raison de leur longue tradition associative qui leur donne leur dynamisme et un cachet particulier.

Dynamique des mouvements sociaux des femmes au Sénégal

Dans cette étude diachronique, seront analysés les conditions d'émergence, la nature, les actrices, les ressources utilisées, les objets de mobilisations ainsi que les méthodes d'actions des mouvements sociaux féminins identifiés au Sénégal[14].

Les mobilisations pour l'indépendance du Sénégal et le droit de vote des femmes

Les mobilisations des femmes remontaient déjà à l'époque des revendications pour l'indépendance du pays. L'époque était marquée par une grande effervescence syndicale et le développement du mouvement des travailleurs, illustré par les grèves des cheminots à la fin des années 40 et 50 (Ndour 1990 et Guèye 2011), surtout après le rétablissement du droit syndical par le gouvernement de Vichy à travers le décret du 7 août 1944 (Diop 1992).

L'Union des Femmes du Sénégal (UFS) constituait l'une des organisations féminines à l'avant-garde des luttes. Créée en 1954 et reconnue de manière formelle en 1956, l'UFS indiquait clairement dans ses statuts son caractère apolitique (Dia 1994-1995). Les autres mouvements de femmes s'épanouissaient au sein des partis politiques et les syndicats de la Section Française de l'Internationale Ouvrière (SFIO), du Bloc Démocratique Sénégalais (BDS), du BPS, de l'Union Progressiste Sénégalaise (UPS), et du Parti Socialiste (PS). Les pionnières, les plus connues de cette période, sont Adja Ndoumbé Ndiaye, Adja Aminata Ciss Marone, Adja Madeleine Ngom, Adja Rose Basse, Mariétou Bâ, Aby Ndiaye, Arame Ndiombé Samb, Khoudiédia Soumaré, Jeanne Martin Cissé, Anna Gaye, Khady Sylla, Binta Diop, Maréma Lo, Adja Caroline Faye et, un peu plus tard, Marianne Sohai, Adja Arame Diène, Marianne D'Enerville, Fatoumata Ka, etc. Cette époque a coïncidé avec l'apparition de femmes instruites, mais ces dernières étaient surtout cantonnées dans des métiers d'enseignement, de la santé ou de la restauration. L'École normale de Rufisque de 1938 à 1945, dirigée par Germaine le Bihan Le Goff, avait pour objectif la formation de jeunes filles « assez cultivées » pour en faire des « maîtresses de maison indigènes parfaites ». Le but recherché était de favoriser l'émergence de ménages, d'instituteurs ou de fonctionnaires adaptés au système colonial. Il s'agissait aussi de former des générations d'institutrices au sein d'une École normale ménagère. A la veille de la Seconde Guerre mondiale, le Gouvernement général était conscient de l'importance de l'éducation des filles pour la réussite de la mission civilisatrice de la France en Afrique.

A partir des années 59-60, beaucoup de femmes appartenant à ces associations ont été formées dans l'animation, à partir de l'établissement en 1938 à Rufisque de la première École normale d'institutrices africaines de l'Afrique Occidentale Française. La création à Thilogne en 1960 du premier centre pour l'animation des femmes et la mise en place du Centre national de formation des monitrices d'économie familiale et rurale en 1963 ainsi que de l'école normale d'enseignement technique féminin de Dakar en 1964 a favorisé le développement de ces professions.

Cependant, le réformisme masculin durant la période coloniale a délimité d'une façon très étroite le cadre dans lequel devait se déployer l'émancipation des femmes. Le militantisme de ces femmes était cantonné au travail social et caritatif. De même, la nature de leurs revendications était fortement marquée par l'agenda des hommes politiques. Ainsi, elles ont été utilisées comme principales animatrices des meetings politiques des candidats, Blaise Diagne, Ngalandou Diouf et Lamine Guèye, dans les quatre communes en pleine effervescence à la veille des élections législatives. Leur grande capacité de mobilisation permettait à ces derniers de capter un plus grand électorat. Le 19 mars 1945, Gaspard Kâ Aly témoignait de la participation citoyenne des femmes à travers leurs unions et groupements qui « ne cessèrent de s'intéresser à la politique, formant des comités, versant des cotisations et exhortant les hommes pour qu'ils ne faillissent pas à leur devoir d'électeurs... » (Lacroix et Mbaye 1976:36).

Elles étaient aussi engagées dans la lutte pour la décolonisation et l'émancipation du pays. Or, à la fin des années 50, la priorité était donnée à la lutte contre l'impérialisme français et à la revendication indépendantiste. Au nom de l'unité nationale et panafricaine, les autres contradictions de la société étaient considérées comme secondaires. Influencée par les idées de gauche et le courant marxiste, la conception communément admise était que cette émancipation était censée contribuer à l'amélioration de la condition féminine. Selon leur entendement, l'indépendance devait pouvoir régler l'ensemble des problèmes, y compris celui des femmes. Il ne s'agissait pas encore d'une remise en cause des rapports sociaux, marqué par un patriarcat, hérité de l'islam, du christianisme et du système colonial. « Engagées dans les mouvements de contestation de l'ordre colonial, elles se mobilisèrent derrière les frères, puis les pères de l'indépendance » (Sow 2007b). Le slogan de l'UFS, « l'indépendance avant tout », était révélateur de leur état d'esprit et de leur lutte pour l'identité africaine et l'émancipation des Noirs.

En plus de l'animation des meetings politiques, les modes d'action étaient la participation au collage des affiches la nuit et des inscriptions sur les murs. Lors du passage de Général de Gaulle à Dakar, elles furent parmi les porteuses de pancarte contre l'hégémonie française.

Cependant, la lutte pour l'indépendance ne fut pas le seul cheval de bataille des associations de femmes. En effet, l'octroi aux Françaises du droit de vote par décret du 19 février 1945 a poussé les mouvements de femmes à se battre pour l'obtention du même droit. Sous le prétexte de leur illettrisme et de l'opposition des marabouts, les Sénégalaises, malgré leur statut de Françaises[15] (parce que ressortissantes des quatre communes : Saint-Louis, Gorée, Dakar, Rufisque), furent exclues du suffrage universel. Seules les Françaises originaires de la métropole et résidant dans les colonies pouvaient exercer ce droit (Lacroix et Mbaye 1976 ; Sylla 2001). Leur combat pour une même égalité de traitement entre elles et les Françaises fut soutenu en cela par les hommes politiques de l'époque qui étaient conscients des avantages qu'ils pouvaient tirer de l'électorat féminin.

Des manifestations de protestations furent organisées à Saint-Louis comme à Dakar durant les mois de mars et avril 1945 sous la houlette des associations féminines. Des femmes, comme Magatte Camara, ex-présidente des « Dames diagnistes » et le mouvement de Touty Samb, présidente de l'association des femmes SFIO du Sénégal, invitèrent à une abstention totale de vote aux prochaines élections en cas d'exclusion des Sénégalaises (Lacroix et Mbaye 1976). Anta Gaye convia les femmes sénégalaises le jour des élections à barrer la route aux femmes européennes si elles étaient les seules admises à voter. L'union des deux figures féminines rivales que furent Soukeyna Konaré, cousine de Lamine Guèye, et Ndaté Yalla Fall, cousine de Galandou Diouf, présageait de la détermination des femmes pour atteindre leur but, aidé en cela par les hommes. Des leaders politiques, comme François Salzmann Mbave qui fut un des instigateurs des réunions, les incitèrent à la violence en cas de refus du vote aux Sénégalaises.

Sous la pression conjointe de Lamine Guèye de la SFIO et Charles Gros présents en France, le ministre des Colonies signa un nouveau décret promulgué en AOF le 6 juin 1945 octroyant le droit de vote aux citoyennes des quatre communes et qui fut élargi par la suite à toutes les femmes sénégalaises.

Au-delà de cette bataille pour le droit de vote, les associations n'ont pas su dépasser le cadre étroit dans lequel les confinait l'idéologie indépendantiste. Cette nature de leur revendication, influencée par les partis de gauche, contribua à la dislocation d'organisations comme l'UFS. Fatou Sarr a attribué cet échec à la victoire du non au référendum de 1958. En fait, les membres de l'UFS étaient essentiellement composés d'épouses, de parentes de leaders politiques et syndicaux (par exemple de l'Union Démocratique Sénégalaise (UDS), de la Section sénégalaise du Rassemblement Démocratique Africain (RDA), du Parti socialiste sénégalais (PSS) et du Bloc Démocratique Sénégalais (BDS.). Leurs prises de position tendaient à soutenir ces derniers. Elles furent affectées par l'opposition entre l'UPS qui avait choisi le « oui » et les dirigeants de l'UGTAN (Union Générale des Travailleurs du Sénégal) qui avaient fait la propagande du « non » lors du référendum de 1958. Cette divergence d'opinion consomma la rupture entre les deux protagonistes. Ainsi, les associations de femmes furent entravées par leur accointance avec les partis de gauche (le PRA/Sénégal ou le PAI), influencés par l'idéologie marxiste. Certes, ce compagnonnage donnait l'impression d'une dépendance totale des membres de l'UFS aux combats des leaders politiques de l'époque, mais les femmes avaient leur propre agenda et un discours autonome. Elles ont voulu l'indépendance immédiate et l'ont fait savoir au Général de Gaulle en 1958 en levant leurs foulards jaunes aux côtés des porteurs de pancarte. Elles ont aussi revendiqué la « parité[16] » avant l'heure. Cet ultime combat fut réprimé par le président Mamadou Dia.

En fait, l'indépendance du Sénégal en 1960 n'a pas changé la situation des femmes, qui pourtant assurait le maintenance et l'animation des partis politiques. Avec le manque de démocratie qui caractérisait cette période des indépendances, « les femmes ont perdu leur espace de parole[17] ». Elles vont être confinées dans un mouvement des femmes au sein du parti au pouvoir. Ce confinement va limiter la portée de leurs actions en termes de revendication pour les droits des femmes et subordonner leur libération au profit de celle de la nation.

Toutefois, leur combat a permis l'amélioration des conditions de vie des femmes et le renforcement de leur capacité. Les femmes ont bénéficié de plus en plus de formations avec la multiplication des centres d'enseignement. Leur plus grande victoire est l'établissement du code de la famille en juin 1972 et qui régit les relations de couples. En 1978, le président Léopold Sédar Senghor instaure un secrétariat à la condition féminine à l'intérieur du ministère de l'Action sociale, dirigée par Caroline Diop, la présidente du mouvement national des femmes du Parti Socialiste.

En définitive, si ces actions des femmes rentraient dans le cadre des luttes nationales durant la période coloniale, les mobilisations féminines ont très vite pris diverses formes après les indépendances. Le développement de l'éducation des femmes, l'apparition d'une classe de femmes travailleuses (ayant une profession), le contexte politique plus démocratique, l'environnement mondial plus favorable aux femmes offrent un terreau propice à l'émergence d'autres objets d'engagement, plus proches de leurs préoccupations.

Le mouvement Yewwu Yewwi PLF (Pour la Libération des Femmes)

L'un des mouvements qui va marquer la période des années 80 est celui porté par Yewwu Yewwi PLF (pour la libération des femmes). Cette association s'est définie dès le départ comme féministe dans son journal « Fippu » et tenait à exprimer sa particularité qui

> réside dans le fait d'identifier tous les mécanismes qui, par l'éducation, les tabous et les coutumes, les idéologies, les cultures et les religions, la division du travail entre les sexes, et la législation, justifient et légitiment la subordination des femmes. (*Fippu* n° 2, 1989:6).

La naissance de ce mouvement, qui s'inscrit dans une dynamique de rupture avec les idéaux de l'indépendance, coïncide avec un terrain favorable à la faveur des contestations estudiantines et l'agitation scolaire des années 68 ainsi que la radicalisation du mouvement syndical. Le contexte économique au Sénégal est marqué par les conséquences de la sécheresse et de l'instabilité financière jusque dans les années 80. Les plans d'ajustements structurels mis en place pour redresser la situation économique et financière du pays engendrent un désengagement de l'Etat, une politique de privatisation et une incitation au départ volontaire des fonctionnaires pour une diminution de la masse salariale. Cette tension sociale a entraîné la fin de l'ère du parti unique et l'avènement du multipartisme. Cette ouverture démocratique va favoriser la multiplication des partis politiques, appartenant à diverses idéologies allant du socialisme, du maoïsme au trotskisme, au marxisme, ainsi qu'à l'école soviétique. De nouveaux syndicats qui se disent autonomes voient le jour (Diop 1992:489-490). Les partis clandestins de tendance maoïste comme And Jëf entrent dans la légalité.

Une partie des membres de Yewwu Yewwi PLF appartenait à ce parti politique. Ce sont en majorité des femmes instruites qui sont issues de milieux plus ou moins aisés. Elles sont enseignantes, médecins, journalistes, avocates, étudiantes, etc. Leur tranche d'âge était comprise en moyenne entre 25 et 45 ans, ce qui conférait un dynamisme certain à l'association (Kane 2007-2008:102). A part les femmes, il y avait quelques hommes qui étaient sensibles à la cause féminine et qui ont adhéré au mouvement, mais leur nombre était limité. Ils étaient généralement militants du parti And-Jëf (Kane 2007-2008:94).

Malgré l'affiliation à des partis de gauche de la plupart des membres fondateurs (Marie-Angélique Savané, Oumou Khairy Niang, Fatoumata Zahra, Fatoumata Sow, Eva Marie Coll, etc.), le Yewwu Yewwi PLF se considérait comme

> une organisation de femmes, autonome de tout parti politique, car la défense des droits des femmes, la lutte contre leur oppression dépasse les clivages idéologiques (*Fippu* n°2 1989:6).

L'association était consciente de sa spécificité par rapport aux autres organisations de femmes beaucoup plus axées « sur les problèmes de survie ». Ce nouveau leadership féminin allait de pair avec l'évolution mondiale du mouvement féministe, particulièrement celle africaine qui dénonçait l'oppression que subissaient les femmes et les inégalités qui régissaient les rapports sociaux de sexes dans le continent. Cette mutation a été rendue possible par la décennie de la femme décrétée par les Nations Unies (1976-1985) et par la promulgation de la Convention pour la lutte contre toutes les formes de discrimination à l'égard des femmes (CEDEF) en 1979. Les idées véhiculées par le féminisme transnational vont fortement imprégner les membres fondateurs de l'association.

L'expérience du mouvement Yewwu Yewwi était assez exceptionnelle dans la mesure où elle a été la première organisation qui a su poser les questions des femmes sous l'angle des rapports de pouvoir en exigeant une réelle égalité entre hommes et femmes. L'association avait un discours féministe qui remettait en cause la logique patriarcale. La mobilisation se faisait contre les pratiques sexistes. Les membres de Yewwi Yewwu étaient solidaires des problèmes des femmes de tous bords : paysannes, ouvrières, domestiques, instruites, prostituées ou ménagères. Cette sororité touchait toutes les femmes opprimées, surtout celles victimes de l'apartheid (Fippu n°1 1987:7).

Leurs actions se fondaient sur une dimension éducative qui vise non seulement à moderniser ces dernières, mais aussi à les pousser à lutter contre des principes culturels qui les discriminaient. Ce combat était contre l'inégalité entre les sexes qui se manifestait au sein de la famille, sur le marché du travail, dans les structures politico-juridiques et dans la production culturelle et idéologique. Les maux qu'il fallait régler était la surcharge de travail de femmes, leur analphabétisme, leur santé de reproduction, les pesanteurs sociales qui pesaient sur elles, comme les mutilations génitales féminines, les mariages précoces et forcés et la polygamie. L'association voulait la participation des femmes à toutes les instances et institutions politiques, économiques, sociales et culturelles. Leur revendication portait sur le droit au travail et à un salaire décent, sur l'égalité de traitement salarial entre les hommes et les femmes. Elle luttait contre l'oppression des femmes aussi bien dans la sphère publique que dans l'espace privée.

L'éveil des consciences se faisait à travers des campagnes de sensibilisations dans les quartiers de la banlieue et dans les villages. Les moyens utilisés pour atteindre leurs objectifs sont la conscientisation des populations à travers des conférences, des séminaires, des tables rondes et des causeries. Le mouvement s'est également investi dans la mobilisation pour la paix en Casamance. Des pétitions ont été organisées par Yewwi Yewwu pour l'institutionnalisation du 8 Mars comme journée internationale de la femme au Sénégal. Le mouvement s'est également prononcé pour la révision du code de la famille, Marie Angélique Savané[18] racontait que Yewwu Yewwi

> était la seule association … à avoir osé aller à l'époque au tribunal qui se trouvait à l'époque au Cap Manuel avec les Serignes, les Juniors etc. pour discuter en leur montrant que nous on remettait en question le fait que la polygamie soit la norme des choses parce qu'on disait que ça ne peut pas être la norme (Kane 2007-2008:108).

Leur message était diffusé dans certaines émissions télévisées culturelles. Un journal, appelé Fippu, fut créé pour proposer un espace d'expression et de discussions de tous les thèmes intéressant les femmes. Le prix Aline Sitoé Diatta fut instauré pour récompenser les organisations de femmes qui se sont distinguées par leur dynamisme et leur leadership. Par ce prix, l'association a permis la réhabilitation de certaines héroïnes, oubliées dans l'histoire du Sénégal, comme le fut Aline Sitoé Diatta.

Yewwu Yewwi fut lié au mouvement féministe mondial avec la participation de certaines de ses membres aux conférences internationales en Afrique (comme par exemple la conférence africaine des femmes en 1974) ou dans le reste du monde, portant sur la problématique des femmes. Elles contribuèrent à la création en 1977 de l'Association des Femmes Africaines pour la Recherche et le Développement (AFARD).

Cependant, Yewwu-Yewwi n'avait pas su rallier les autres associations de femmes pour devenir un mouvement social féminin fort. Pour Codou Bop, les intérêts stratégiques de l'agenda féministe ne correspondaient pas aux besoins pratiques des groupements de femmes. Selon Hawa Kane (2007-2008:116), la mise en veilleuse du mouvement est liée au départ d'un membre fondateur, en l'occurrence Marie-Angélique Savané, dont le leadership a pesé sur la dynamique de l'association, qui perdit de son élan.

En outre, les causes auxquelles s'attaquait Yewwu Yewwi portaient sur des pratiques sociales au cœur des relations hommes/femmes dans la sphère privée. En remettant en question la polygamie et en mettant l'accent sur l'inégalité entre homme et femme dans l'attribution des parts de l'héritage, l'association s'est attiré l'ire des islamistes qui s'opposaient déjà au code de la famille, qualifié de « *code des femmes* ». Elle s'est également aliéné une partie de l'opinion féminine.

La faiblesse des ressources financières mobilisées pour mener leurs différentes activités qui provenaient de leurs cotisations et de revenus générés par l'organisation de manifestations fait partie des facteurs bloquants.

A cause de son appartenance au parti And Jëf et de son incapacité à mobiliser et rassembler les femmes, Fatou Sarr (2007) estime que le Yewwu-Yewwi ne peut être qualifié de mouvement de femmes. Toujours selon elle, les contextes d'émergence du mouvement féministe sont étroitement liés aux partis politiques de gauche et ne sont pas le fait des femmes elles-mêmes. Pour la responsable de la FAFS, l'échec de Yewwu Yewwi est lié à sa conception occidentale du féminisme et de la situation des femmes. C'était un mouvement élitiste qui n'a pas su se faire comprendre des femmes de la base (grassroots).

En dépit de son caractère éphémère, le mouvement a néanmoins contribué à poser la condition des femmes en termes d'égalité des sexes et à impulser un changement des valeurs et des normes qui régissent la société sénégalaise. On peut aussi reconnaître que certains membres et sympathisantes de cette association furent par la suite à l'origine de la création des grandes organisations de femmes que sont l'AFARD, le COSEF, le réseau Siggil Jigeen, le Collectif des Femmes pour la Défense de la Famille (le COFDEF). Par ailleurs, Yewwi Yewwu a impulsé une dynamique qui continue de marquer et d'orienter les organisations de femmes qui prendront la relève dans le combat pour les droits des femmes.

Les mobilisations pour des visées économiques

Les mobilisations à buts matérialistes sont portées par la majorité des associations de femmes et plus particulièrement les groupements de femmes. Les plus visibles, qui ont été citées par la majorité des associations interrogées, sont la Fédération des Associations de Femmes Sénégalaises (FAFS), la Fédération des groupements de promotion féminine (FGPF), la RAFAO (ex-AFAO, Association des femmes de l'Afrique de l'Ouest), Réseau Africain Pour le Soutien à l'Entreprenariat Féminin (RASEF).

Ces organisations couvrent l'ensemble des régions du pays. Ces fédérations sont constituées en majorité par des femmes non salariées, ménagères ou intervenant dans le secteur informel qui habitent le même quartier ou village, partageant les mêmes intérêts et qui se sont regroupées en mettant en commun leurs moyens matériels, financiers et leurs expertises. L'objectif est de développer des activités génératrices de revenus en vue de la satisfaction de leurs besoins et de ceux de leurs familles et communautés.

Créée en 1977 par 13 associations féminines sous l'auspice du président sénégalais, Léopold Sédar Senghor, la FAFS regroupe aujourd'hui, sous la direction d'Abibatou Ndiaye, plus de 400 associations dans tous les départements du Sénégal, avec une moyenne de 35 membres par association. Selon Abibatou Ndiaye, l'objectif de la fédération est « d'unir les associations féminines et les femmes animées d'un même idéal et créer entre elles des liens d'entente, de solidarité, de fraternité et de synergie, d'œuvrer à l'émancipation sociale et professionnelle et la formation civique et à la promotion économique de la femme, de l'enfant et de la famille »[19]. L'idée est de faire en sorte que la FAFS devienne « une structure fédératrice, sans discrimination ouverte sur le monde extérieur œuvrant pour un développement économique, politique, social et culturel intégrant le genre dans un Sénégal émergent » (Courants de femmes 2009). L'esprit de solidarité et d'entente est une des valeurs culturelles très forte véhiculée par l'organisation féminine à travers son credo « Si chaque trou du canari percé est bouché par un doigt, nous transporterons ensemble l'eau de la vie ».

Se basant sur les plates-formes définies lors des conférences de Dakar et de Beijing, le Sénégal a mis en place un programme national d'action de la femme (PANAF) qui a couvert la période de 1997 à 2001 (MFEF, 1996, MFASSN, 1999). Ce programme s'est, par conséquent, appuyé sur les associations féminines. Cela s'est traduit par la création de groupements de promotion féminine, plus ou moins structurés, menant différentes activités pour sortir leur famille, leur quartier ou leur commune de la pauvreté. L'Etat s'est appuyé sur ces groupements de promotion féminine (GPF) pour assoir sa politique d'intégration des femmes au développement.

Ainsi, dans l'esprit de promouvoir, de représenter et de défendre les femmes sur les plans économiques, sociaux, culturels et politiques, les 6 816 groupements féminins, avec au total 1 056 000 membres au niveau local et au niveau national ont été réunis en 1987 en Fédération des groupements de Promotion féminine (MFASSN). La fédération est devenue une ONG en 1991. Il fallait «renforcer les capacités des membres dans les domaines de l'organisation, de la gestion associative, de l'alphabétisation et de la formation technique afférente à leurs secteurs d'activités ; ... [et] développer l'entreprenariat féminin au sein des Groupements de Promotion Féminine » (Répertoire des GPF au Sénégal 1997). Les actions visent la promotion économique et la lutte contre la pauvreté, l'éducation, la santé, plus particulièrement la santé de la reproduction, la promotion des droits, ainsi que des mécanismes institutionnels et de financement pour les femmes. Un partenariat est établi avec les institutions internationales pour financer les actions entreprises pour atteindre ces objectifs. Les stratégies développées tournaient essentiellement autour de la formation des femmes. Un appui financier a été aussi apporté pour augmenter la productivité de leurs activités. Des actions communautaires ont été également menées.

Il faut souligner que ces fédérations sont caractérisées par l'imbrication des enjeux de production, de promotion des valeurs familiales et de dimensions économiques et sociales. Dans leur esprit, la centralité de la femme est une réalité incontestable. Référence de la famille, elle est aussi considérée comme la gardienne des valeurs, des coutumes et des pratiques sociales. Elle est responsable de la stabilité, de la primauté de la collectivité et de la famille, de la solidarité du groupe. D'elle dépend la cohésion sociale, c'est pourquoi elle est au cœur des cérémonies familiales-baptême, mariage ou funérailles-, lieux de manifestation de la teranga sénégalaise. Ce don de soi à l'autre à travers des échanges de dons, de cadeaux ou de biens est transmis par la gent féminine. Cette teranga, garantie par les femmes, régule les relations sociales et permet d'éviter les conflits que les différences ethniques, de castes ou d'âge pourraient occasionner dans la société. Cette perception est validée par l'histoire orale qui confirme également le rôle important des femmes, notamment dans la transmission du pouvoir par le lignage utérin, dans la gestion du pouvoir lui-même avec la médiation lors de l'élection des souverains. Cette centralité de la femme a été émoussée par l'avènement de l'islam et du christianisme et par la colonisation du pays.

Conscientes de la discrimination dont les femmes étaient victimes dans les structures liées à l'éducation au niveau religieux, artisanal, scolaire ou professionnel, les fédérations se sont mobilisées autour de l'alphabétisation et de la formation des femmes. Cette alphabétisation devait leur permettre de lire, d'écrire dans leur langue maternelle et d'effectuer des comptes. Cependant, la plupart des activités de formation exécutées dans les organisations de femmes permettaient surtout d'assurer les tâches quotidiennes de la féminité (alimentation, éducation, santé, transmission des valeurs) en tant que pilier de la famille. On constate, en effet, des actions d'éducation à la « *vie quotidienne* » : santé de la reproduction, planning familial, alimentation, éducation des enfants, suivi scolaire et des actions touchant à l'intimité de la vie familiale ou conjugale. Ce sont des dimensions « typiquement féminines ». Ainsi, dans les termes mêmes de la mobilisation, « les femmes peuvent paradoxalement être renvoyées à une « féminité ré-essentialisée somme toute assez traditionnelle » (Manier 2007).

Des organisations de femmes, comme l'AFAO/ Sénégal, ont tenté de sortir de ce cadre traditionnel et initié des activités durables pour les femmes démunies. Sous la direction de Khady Tall Fall, L'AFOA/Sénégal a ainsi développé depuis 2007 un agrobusiness en exploitant un périmètre agricole de 10 ha dans la zone rurale de Dakar, et attributaire de 100 ha dans la zone agricole de Touba dans le cadre de la GOANA (Grande Offensive agricole pour la Nourriture et l'Abondance). Elle a également créé deux unités de transformation et de commercialisation des fruits et légumes qui se trouvent l'une à Rufisque, l'autre à Keur Massar. Elle a aussi créé, avec l'aide de l'USAID, une usine de transformation et de valorisation des produits agricoles, financée à Rufisque, où travaillent des femmes ouvrières agricoles. Ainsi entre 2008 et 2010, une récolte de plusieurs tonnes d'arachide, de niébé, de mil et de bissap et kandja (gombo) a pu être effectuée. Ces produits ont été employés comme intrants pour la réalisation de pâte d'arachide, de thiacry, de thiéré, de sankhal, de arawe de mil et de maïs (8 produits céréaliers) et des sirops concentrés et jus de fruits en 6 variétés et parfums différents. Selon Khady Tall Fall, « tous leurs produits de marque MAYNA labélisé et enregistré à Dakar sont présents sur le marché et appréciés par les consommateurs ».

En définitive, c'est à travers cette économie solidaire que le mouvement des femmes à buts matérialistes est parvenu à traverser toutes les périodes et continue de mobiliser des générations d'associations de femmes. La simplicité de son message, qui est de sortir la gent féminine de la pauvreté, explique sa pérennité. De ce fait, les fédérations jouissent d'une grande représentativité territoriale et d'une légitimité certaine. De plus, elles permettent aux femmes de développer des activités génératrices de revenus, d'augmenter leur pouvoir d'achat et de changer les rapports au sein des familles.

Cependant, la faiblesse des moyens mobilisés, les problèmes structurels liés au fonctionnement institutionnel, la focalisation sur les savoir-faire traditionnels, la non diversification des formations, le manque de compétences adaptées à la technologie moderne limitent les actions des organisations. Le sentiment d'autonomie, surtout pour la FGPF, est émoussé par l'origine étatique de cette structure, créée sur initiative du gouvernement socialiste de l'époque. Mais comme le dit si bien Fatou Sow (interview 2012), l'une des plus grandes victoires de ces fédérations, c'est d'avoir « enraciné dans la société sénégalaise urbaine et rurale l'idée que les femmes pouvaient s'organiser et revendiquer des choses ».

Le mouvement contre les violences faites aux femmes

Le mouvement contre les violences faites aux femmes fut porté par plusieurs organisations de femmes. Presque toutes ont inscrit dans leurs objectifs et actions la lutte contre les violences basées sur le genre. Cet intérêt est lié à la recrudescence des violences dont ont fait l'objet les femmes et les filles. La fréquence des cas, comme les affaires Doki Niass, Astou Mbengue de Kaolack, et plus récemment celle de Caty Gaye, violée et sauvagement tuée dans la nuit du 17 octobre 2007 toujours à Kaolack, des cas de viols collectifs à Dalifort, à Ngor et à Saint- Louis ont poussé les associations féminines à se mobiliser et à dire non aux violences que les femmes subissent au quotidien. Les violences conjugales et les viols, relatés quotidiennement dans les faits divers des journaux, montrent la banalisation de ces actes.

L'Association pour la Promotion de la Femme Sénégalaise (APROFES), dirigée par Binta Sarr, s'est beaucoup investie dans ce mouvement. L'APROFES est née en 1987 « de la volonté d'un groupe de jeunes femmes de l'association culturelle et sportive « Mag Daan », toutes convaincues que l'échec des programmes de développement résultait en grande partie de la non prise en charge des préoccupations des femmes. Ce groupe est dirigé par des femmes et fait partie des organisations nées de la dynamique populaire. Une autre spécificité de cette association est que des femmes de professions, d'origines sociales, de races, de religions et d'appartenances politiques différentes s'y retrouvent ». 105 groupements sont membres de l'APROFES. L'une des manifestations phares est la marche des femmes de Kaolack, organisée en 1992 par l'APROFES suite au décès de Doki Niass. Elle mobilisa également, le 24 juin 1996, 10 000 femmes pour dénoncer au tribunal de Kaolack le viol commis par un homme du troisième âge sur une fille de 9 ans et assurer un soutien social et juridique à la famille de la très jeune M D, égorgée sauvagement par son mari à l'âge de 16 ans. Entre autres actions, l'APROFES a mis en place en 1993 un point d'écoute et d'orientation pour les femmes et les filles victimes de violence dans la région de Kaolack.

L'APROFES et les organisations membres du COSEF ont signé à Kaolack en 2007 une Déclaration qui exige une « Halte aux violences faites aux femmes et aux filles ». En effet, entre 2006 et 2007, la région de Kaolack a enregistré environ 130 cas de violences infligées aux femmes. Le crime le plus odieux fut le viol et l'assassinat de la jeune lycéenne Caty Gaye, dans la nuit du 17 octobre 2007. De même, des femmes de tout âge (y compris des bébés) ont été victimes de violences entre les mois d'août et septembre 2007. Face à l'ampleur du phénomène, l'APROFES et le COSEF ont, dans leur déclaration, fermement condamné ces actes. Les organisations signataires ont invité les pouvoirs publics à sanctionner sévèrement les coupables. L'accélération de la réforme du code pénal en cours est exigée, de même que la possibilité pour les organisations de femmes de se constituer partie civile. Les organisations exhortent le gouvernement à prendre en charge les frais médicaux exigés par les soins, à assurer la gratuité du certificat médical aux femmes et filles victimes de violences. Pour cela, il est important que l'Etat mette en place un fonds d'assistance aux victimes de viol et de toutes autres formes de violences. Au total, les organisations de femmes se sont mobilisées pour que de pareils cas ne se reproduisent pas et que des programmes appropriés soient mis en place pour la prévention de ces violences.

La lutte contre les violences faites aux femmes est parallèlement impulsé par des réseaux comme le CLVF, Siggil Jigeen, l'AJS, etc. Le CLVF[20] est composé de dix-huit ONG de défense des droits humains et de promotion de la femme et de quelques individualités. L'organisation a été créée en 1996, suite à l'affaire de Fatou Dieng de Diourbel qui, pendant vingt ans, a été violentée par son mari. Plusieurs femmes s'étaient mobilisées pour l'appuyer dans ses démarches judiciaires. L'objectif principal du CLVF est de « contribuer à l'éradication de toutes les formes de violences faites aux femmes et aux enfants ». Les objectifs spécifiques sont de « soutenir les femmes victimes de violences par des actions concertées ; de développer des actions nécessaires pour l'amélioration des dispositions législatives ; de faire appliquer les lois protégeant les groupes vulnérables contre les violences ; et de développer chez les populations le réflexe d'assistance à personne violentée ».

Les méthodes d'action utilisées par le CLVF est le counselling, la médiation, la prise en charge médicale, judiciaire et psychologique des victimes de violences. L'animation de causeries, de conférences, de panels, d'émissions radiotélévisées fait partie du programme de sensibilisation auprès des groupements de femmes, des centres sociaux et des structures scolaires et éducatives. Des partenariats efficaces sont développés pour appuyer les victimes de violences. Un plaidoyer est mené auprès des acteurs concernés pour l'application effective des lois en faveur des femmes et des enfants, notamment la police, la gendarmerie, le corps médical, le personnel judiciaire, les autorités religieuses et coutumières... Des supports sont produits pour sensibiliser sur les violences et montrer les différentes dimensions, physiques, morales, économiques, sexuelles, psychologiques.

Un centre d'écoute est créé pour l'accueil, l'assistance et l'orientation des victimes de violences (médiation, assistance médicale, juridique, judiciaire, psychologique...). Des cellules régionales du CLVF sont installées dans les régions, notamment à Thiès, Kaolack, Diourbel, Saint-Louis, Tambacounda, Louga, Ziguinchor, Matam, Fatick et Kolda. Des formations sont offertes aux membres du Comité sur les techniques d'animation avec l'USAID, en counseling avec la fondation F. EBERT, en plaidoyer et en lobbying avec l'UNIFEM.

Le plaidoyer touche les jeunes, avec par exemple, le panel sur le mariage forcé précoce, présenté au Lycée J. F. Kennedy, avec le soutien de Global Fund for Women, ainsi que celui sur les violences morales, avec l'association nationale des handicapés moteurs du Sénégal (section féminine), avec l'appui de l'UNIFEM. Une bande dessinée sur les violences sexuelles faites aux enfants est publiée.

Une campagne nationale de sensibilisation sur « *Les violences sexuelles : viol et pédophilie* » a été effectuée à Dakar, à Thiès, à Saint-Louis, à Kaolack, à Mbour et à Diourbel, avec l'appui de la Fondation Friedrich EBERT. Le plaidoyer concerne aussi les chefs de station radio et TV, des journalistes pour une meilleure prise en compte de l'image de la femme ainsi que des autorités religieuses et coutumières, avec l'appui de l'UNIFEM. Un séminaire de formation sur « *Les instruments juridiques de prévention et de protection des femmes et des enfants contre le trafic et l'exploitation sexuelle* » est organisé en collaboration avec la Coalition Africaine contre le Trafic des Femmes (CATW-Afrique).

Des manifestations sont organisées dans le cadre de la journée internationale pour l'élimination des violences à l'égard des femmes. Ces seize jours d'activisme ont été consacrés à la caravane nationale de sensibilisation contre les violences sexuelles (Pikine, Tamba, Kédougou, Foundiougne, Ziguinchor) et à l'organisation de panels et de tables rondes sur le même thème : « *Libère-toi de la violence* » qui fut le cri de guerre des femmes du Comité de lutte contre les violences faites aux femmes.

Sur la même lancée, le Réseau Siggil Jigeen, en collaboration avec l'APROFES, l'ALTERCOM et l'AFEME en partenariat avec le CCI, a organisé le mercredi

9 avril 2008 une journée de plaidoyer contre les violences faites aux femmes. A travers cette activité, le Réseau « cherche à réduire l'impunité faite autour des violences. On veut que les auteurs des violences soient punis à la hauteur des actes qu'ils ont commis. Ceux qui sont censés appliquer la loi doivent faire correctement leur travail ». Des stratégies efficaces de plaidoyer et de lobbying en faveur de la position sociale de la femme sénégalaise sont déployées pour faire pression sur le gouvernement, les députés, les maires, les élus locaux, les parlementaires, les religieux et les leaders d'opinion. Des pétitions pour faire passer de nouvelles lois sont aussi promulguées. A part la pétition, les moyens utilisés par le Réseau Siggil Jigeen sont des ateliers de réflexion, des affiches, la distribution de dépliants, la participation aux émissions radio, la publication d'articles dans les journaux et une marche. La revue et le site Web du Réseau Siggil Jigeen ont été aussi mis à contribution pour diffuser le message.

Les organisations de femmes luttant contre les violences faites aux femmes ont essayé de sensibiliser l'opinion internationale et de rallier à leur cause les mouvements sociaux féminins internationaux. A cet égard, le CLVF a participé à la campagne africaine de lutte contre les violences faites aux femmes avec l'UNIFEM. Un atelier de deux jours a été organisé pour la validation du plan d'action sous-régional contre les violences faites aux femmes et aux enfants. Le CLVF a piloté cet atelier qui a regroupé des ONG internationales, des membres du gouvernement, des partenaires techniques et financiers ainsi que les acteurs du secteur privé. Les participants se sont penchés sur les axes stratégiques pour la mise en œuvre de ce plan.

C'est dans ce même souci de partage d'une cause commune que le Groupe de recherche sur les femmes et lois au Sénégal, Grefels, a convié les associations de femmes sénégalaises à participer à la campagne mondiale intitulée « *Arrêtons de tuer et de lapider les femmes* », lancée par le réseau des femmes sous lois musulmanes (WLUML). « Nous comptons sur le soutien de la communauté internationale pour arrêter le meurtre des femmes et de toutes autres pratiques qui empêchent les femmes de maintenir leur intégrité physique et leur dignité humaine », affirme Codou Bop, coordinatrice du Grefels (Traoré 2009). Les femmes du réseau comptent renforcer la résistance avec l'aide des défenseurs des droits des femmes et des mouvements féministes. Elles ont attiré l'attention du gouvernement sur la possibilité de légiférer plus efficacement en rendant opérationnels les instruments régionaux et internationaux en faveur des femmes, surtout la CEDEF (La Convention sur l'Elimination de toute Forme de Discrimination à l'égard des Femmes (CEDEF) adoptée en 1979, et ratifiée par le Sénégal le 5 février 1985) ou le Protocole à la charte africaine des droits de l'homme et des peuples relatif aux droits des femmes, adopté le 11 juillet 2003 à Maputo, qui exhorte les gouvernements africains à lutter contre toute forme de discrimination et de violence à l'encontre des femmes en Afrique.

En marge de ces actions, des recherches ont été effectuées pour documenter le phénomène. Il s'agit des travaux du Groupe de Recherche sur les Femmes et les Lois au Sénégal (GREFELS). L'un est « *l'étude sur les mutilations génitales féminines dans les régions de Saint-Louis, Kolda et Tambacounda* », menée sous la direction de Codou Bop en avril 1999. Deux années plus tôt, elle avait dirigé une autre recherche plus globale sur « *les violences à l'encontre des femmes au Sénégal* ». Cette étude, réalisée en mai 1997, fait partie des initiatives des groupes de femmes luttant contre les violences à l'égard des femmes au Sénégal. En l'absence d'enquêtes nationales sur cette question, le GREFELS devait recueillir des données conséquentes sur cette thématique. Axées sur les violences physiques, sexuelles et psychologiques, les enquêtes ont été focalisées sur les zones urbaines de Dakar et de Kaolack.

Une recherche dans cette même aire géographique a été menée en mai 2000 par Jacqueline Cabral Ndione, mais avec un focus sur « *les violences conjugales dans les régions de Dakar et Kaolack* » pour le compte du CECI (Centre d'Etudes Canadien et de Coopération Internationale) et de la PDPF (Promotion des Droits et Renforcement du Pouvoir des Femmes), en collaboration avec l'ACDI. L'objectif général était de juger de l'ampleur, des mécanismes à l'origine des violences conjugales dans les régions de Dakar et Kaolack et d'identifier des moyens pour lutter contre ce phénomène.

WILDAF/FEDDAF Sénégal a élaboré en août 2002 un document intitulé « *Pour une société sans violence au Sénégal* » pour apporter aux acteurs judiciaires et extrajudiciaires une assistance en informations et en capacités dans le but de les aider à lutter plus efficacement contre les violences faites aux femmes.

Tout récemment, une consultation en Afrique de l'Ouest et centrale dans le cadre du projet « *MDG3 : Rétablir la dignité des femmes* » est lancée en avril 2010 par Trust Africa. Le Grefels fut chargé de l'étude sur les organisations de société civile travaillant au Sénégal pour le renforcement des capacités et le plaidoyer pour la réduction des violences faites aux femmes. Le but est de conceptualiser les violences basées sur le genre, de préciser la nature des actes de violences dont sont victimes les femmes dans la sphère tant domestique que publique. L'étude devait définir le profil des organisations de sociétés civiles luttant contre les violences faites aux femmes, avec une focalisation sur les organisations de femmes. D'autres travaux, consacrés aux violences faites aux femmes en milieu universitaire, sont en cours depuis septembre 2011, financés par ONU-femmes en collaboration avec l'UNESCO et le CODESRIA. Les résultats d'une de ces études ont été publiés par ONU-femmes en avril 2012. Son « objectif général est l'analyse de la situation relative aux violences contre les femmes, à partir des données des services de santé, de police et de justice, dans les régions de Louga, Saint-Louis, Fatick, Diourbel, Kaolack, Thiès, Kaffrine » (ONU-femmes 2012:13).

A côté de ces études, des ouvrages de vulgarisations sont publiés sous forme de bandes dessinées. Par exemple, l'Association des Juristes Sénégalaises, AJS, a publié, avec l'aide d'OSIWA, un livret didactique illustré en français et en langues nationales sur « *Les violences physiques et sexuelles et les sanctions prévues par les lois* ».

Au total, de nombreux efforts ont été consentis pour documenter et enrayer la violence à l'égard des femmes au Sénégal. Diverses politiques publiques et lois pour la défense des femmes existent, mais elles ne portent pas spécifiquement sur la violence à l'égard des femmes. Elles sont plutôt disséminées dans divers instruments traitant de l'analphabétisme de la femme, de sa santé, en général, et sont mises en œuvre par différentes autorités. Cette dispersion des politiques et de la législation constitue un obstacle majeur à l'application des mesures. Les efforts conjugués du point d'écoute de l'APROFES et du Centre d'information juridique du RADI et la boutique de droit de l'AJS ont contribué au recul de l'impunité, à une meilleure information des femmes sur leurs droits et devoirs, et favorisé l'acquisition du réflexe d'alerte et de défense en cas de violence.

Après plusieurs années de plaidoyer et de lobbying du mouvement des femmes, il a fallu attendre jusqu'en 1999 pour voir le vote de la loi qui modifie le code pénal et légifère spécifiquement sur les violences faites aux groupes vulnérables. La loi 99-05 du 29 janvier 1999 porte sur un certain nombre de réforme, apportées au droit pénal et à la procédure pénale dans le souci de sauvegarder et de renforcer les droits de la défense et les principes de liberté, d'une part, et, d'autre part de renforcer les droits de la victime et de protéger les groupes vulnérables.

Dans l'objectif de réprimer les violences faites aux femmes et aux enfants, les articles 4, 80, 238, 239, 240, 294, 297, 299, 320 et 379 du code pénal ont été révisés. Les coups et blessures sont considérés avec des circonstances aggravantes lorsque la victime est une femme. L'article 299 bis réprime les mutilations génitales féminines à des peines allant de 6 mois à 5 ans de prison. L'article 319 modifié punit le harcèlement sexuel commis par une personne abusant de son autorité que lui donnent ses fonctions. L'article 319 bis propose des peines d'un emprisonnement de six mois à trois ans de prison ferme et d'une amende de 50 000 à 500 000 FCFA. Lorsque la victime de l'infraction est âgée de moins de 16 ans, la peine maximale de la peine d'emprisonnement sera prononcée. Les articles 320 bis et 320 ter répriment la pédophilie et l'organisation de réunions à connotation sexuelle impliquant un mineur. L'article 320 punit d'un emprisonnement de cinq à dix ans. L'article 297 se contente de réprimer les violences conjugales par une peine d'emprisonnement de 1 à 5 ans, assortie d'une amende de 50 000 à 500 000 F (*Journal Officiel de la République du Sénégal* 1999).

A côté de ces mesures juridiques, le Sénégal a aussi ratifié, le 19 septembre 2003, la Convention des Nations Unies contre la criminalité transnationale organisée, le Protocole visant à prévenir, réprimer, et punir la traite des personnes, en particulier des femmes et des enfants, ainsi que le Protocole additionnel contre le trafic illicite de migrants par terre, air et mer signé à Palerme, en Italie, en décembre 2000.

Malgré cette législation, les mesures palliatives sont minimes comparées à l'ampleur du phénomène. Cette résistance est due à des facteurs culturels, des valeurs et des traditions qui biaisent le sens à donner aux violences faites aux femmes, d'autant plus qu'un précepte de l'islam est interprété comme légitimant le fait de battre sa femme. Parfois, c'est le pardon ou les conciliations qui entravent la poursuite des contrevenants, surtout lorsque l'auteur des violences est de la même famille que la victime. Ces pesanteurs socioculturelles expliquent la non prise en compte dans la loi du viol conjugal. Une petite avancée est observée concernant l'excision et les mariages forcés et précoces. Ainsi, au moins 4764 communautés du Sénégal ont pris collectivement la décision d'abandonner l'excision et les mariages forcés/ précoces. La déclaration publique d'abandon de telles pratiques par le département de Ranérou (nord du Sénégal), le dimanche 5 juin 2011, est citée comme exemple ainsi que celle de Gathiary (région de Tambacounda), qui a rassemblé environ 1.500 participants représentant 70 villages sénégalais et 19 villages maliens (ONUFEMMES 2012:86).

Toutefois, il reste encore du chemin à parcourir pour que la société, surtout les hommes, accepte de reconnaître à la femme le droit au respect de l'autonomie et de son intégrité corporelle. Le phénomène des violences faites aux femmes reste un des chevaux de bataille du mouvement féminin. L'atelier de validation du plan d'action régional de la Campagne « *Tous UNIS pour mettre fin à la violence à l'endroit des femmes et des filles* », organisé par l'ONUFEMMES à Dakar le 18 mai 2011, ainsi que les 16 jours d'activisme ou la levée de bouclier des femmes lors du procès du journaliste Cheikh Yerim Seck, accusé de viol, le 25 septembre dernier, témoignent de la vivacité de la lutte contre le contrôle du corps féminin.

Le mouvement pour la révision du code de la famille

L'émergence du mouvement pour la révision du code de la famille correspond plus ou moins à une période d'autonomisation organisationnelle et idéologique des associations de femmes. Il y a également la naissance d'un leadership féminin différent de celui des années 40. Cette élite féminine urbaine a pris conscience que les changements intervenus dans la situation des femmes, en termes de maîtrise de leur santé reproductive, leur présence dans la sphère publique, l'amélioration de leur statut juridique ne se traduisaient pas en lois égalitaires. A ces aspects s'ajoutent la crise socioéconomique que traverse le pays, un environnement international favorable aux femmes, la faillite du modèle libéral de développement. Par ailleurs, le développement d'une société civile préfigure de la recomposition des forces sociales. Certes, les questions d'éducation, de formation, de santé ou de la participation politique étaient considérées dans les politiques publiques. Cependant, la problématique de la révision du code de la famille a été traitée de manière assez ambiguë par les différents présidents qui se sont succédé au pouvoir, de Léopold Sédar Senghor à Abdoulaye Wade, en passant par Abdou Diouf.

Le code de la famille qui régit les relations hommes et femmes au sein du foyer a été voté à l'Assemblée le 12 juin 1972 et est entré en vigueur en janvier 1973 (Brossier 2004:32). Il a été le fruit d'un consensus entre les valeurs coutumières et musulmanes et les principes constitutionnels hérités de la France. Considéré comme très novateur à son époque, il est devenu, au fil des années, inadapté et rétrograde, surtout à la suite des transformations subies par la société en général et les femmes en particulier. Il a fait l'objet d'attaques dès son adoption de la part des religieux (plus particulièrement du Haut Conseil Islamique) qui voulait un code plus adapté à la jurisprudence islamique, notamment la sharia.

C'est surtout deux ans après l'alternance (à partir de 2002) que le mouvement pour la réforme du code a pris de nouvelles formes et orientations. Ces changements sont à mettre en relation avec la demande de substitution du Code de la Famille par un Code de statut personnel du Comité islamique pour la Réforme du Code de la Famille au Sénégal (Circofs)[21]. Le Collectif, représentant le camp adverse, souhaitait dans son projet « le retour, entre autres, de la répudiation, l'affirmation du devoir d'obéissance au mari, reconnaissance de l'excision, prohibition de l'adoption, ou la restauration des tribunaux musulmans. » (Brossier 2004:53). Le Collectif des islamistes, à travers des programmes de sensibilisation de son code de statut personnel auprès des populations, par la visite des différentes familles religieuses, des sermons du vendredi dans les mosquées, réussit à rallier le

Collectif des Jeunes Chefs Religieux du Sénégal (CJCRS) et obtint le soutien du Collectif des Femmes Musulmanes (CFM) (Konold 2010).

Dès la publication en 2002 du projet de code de statut personnel, les associations de femmes, sous la houlette du réseau Siggil Jigeen et avec l'appui d'autres organisations des droits humains, se sont levées en bouclier pour protéger les acquis du code de la famille. Une coalition pour la modification du code de la famille est mise en place par le Réseau Siggil Jigeen(RSJ). Créé en 1993 et reconnu en 1995, le Réseau Siggil Jigeen compte 17 organisations membres dont les activités intéressent plus d'une dizaine de milliers de femmes sénégalaises. La mobilisation de la coalition s'est faite pour la révision de certains articles du code. Il s'agit de l'article 152 qui porte sur la « *puissance maritale* » selon les droits et devoirs particuliers du mari et celui de 277 qui confirme la « *puissance paternelle sur les enfants légitimes* ». En fait, sous les effets conjugués du patriarcat, hérités du système colonial et du droit musulman, le code était imprégné de l'autorité masculine. Ce pouvoir se traduisait par l'affirmation de l'incapacité de la femme mariée qui a besoin de l'accord de son époux pour pouvoir mener une activité professionnelle. Le but de la coalition est, par conséquent, de redéfinir les rôles des femmes et des hommes dans la famille en modifiant surtout les deux articles 152 et 277 du code de la famille. L'argumentation avancée pour cette réforme est fondée sur les transformations socioéconomiques qu'a subies le pays ainsi que sur l'implication et l'apport des femmes à la vie familiale. Lors de la cérémonie de lancement de la coalition, la présidente de la structure, Safiétou Diop, précisait qu'« à l'état actuel des choses, le code de la famille est en déphasage avec la Constitution et les conventions ratifiées par le Sénégal ».

Un projet de loi visant l'autorité au sein de la famille et organisant les rapports entre conjoints et entre parents et enfants a été élaboré avec l'appui financier de l'Agence Canadienne de Développement International (ACDI). Le projet tentait d'équilibrer l'autorité au sein des familles ainsi que les relations entre les époux et entre parents et enfants. Il recherchait l'atténuation de la puissance maritale et proposait le partage de l'autorité parentale et une responsabilité conjointe entre le père et la mère. Il revenait aussi sur le choix de la résidence du couple qui devrait être décidé de concert par les deux conjoints. La transmission de la nationalité par la mère faisait partie des demandes. En effet, dans le code, la nationalité ne s'acquiert que par le père. A cela s'ajoute la question de l'égalité dans le paiement des impôts, la femme salariée étant plus imposée que l'homme marié. La question de l'héritage faisait aussi partie des griefs et la requête était pour une égalité de traitement des deux sexes, l'homme étant privilégié en recevant la moitié des parts dans le droit successoral. Le projet de loi devait être soumis à l'Assemblée nationale et un appel de soutien a été lancé aux femmes parlementaires. A l'Etat, il lui est exigé une harmonisation du code en rapport à la Constitution et aux conventions ratifiées. Néanmoins comme celui de 1998/1999, le projet de réforme de 2002 a avorté sous la pression des religieux.

Malgré ce rejet, il fallait se battre contre le projet de code de statut personnel du Circofs. Face à l'offensive islamiste, le mouvement des femmes se mobilise non plus pour la révision du code, mais surtout pour conserver les acquis. La lutte se fait autour de la mise en exergue de la citoyenneté de chacun et de la menace que représente le projet du Circofs, présenté comme un facteur de déstabilisation de la société puisque ne s'adressant qu'aux musulmans et favorisant uniquement les hommes.

Aux actions de Siggil Jegeen s'ajoutent celles du Collectif pour la défense de la laïcité et de l'unité nationale au Sénégal, mis en place le 12 juin 2003 sous les auspices du réseau mondial « Femmes sous Lois musulmanes », acronyme de l'anglais « Women Living Under Muslim Laws » (WLUML), représenté par sa section sénégalaise, le Grefels. La déclaration commune suivante explique la position du Collectif et l'urgence de s'unir contre le projet du Circofs :

> Mobilisons-nous pour préserver l'unité nationale, la laïcité et les acquis démocratiques. Depuis plusieurs années, un groupe d'associations islamiques tente de saper les fondements démocratiques de l'Etat sénégalais, en remettant régulièrement en cause sa laïcité et les acquis juridiques régissant la famille. Avec un projet de Code remis au Chef de l'État, que la presse a largement commenté, ces associations exigent l'adoption d'une loi portant code de statut personnel applicable aux seuls Musulmans.
>
> Un tel projet s'avère dangereux, car il annihile les quelques progrès contenus dans l'actuel Code de la famille et renferme les germes d'une division de la nation et pourrait être à l'origine d'un conflit religieux grave au Sénégal… Le projet de Code de statut personnel constitue un net recul par rapport à la promotion des droits humains et démocratiques… les femmes ne sont pas les seules visées par ce projet de code, qui, parce qu'il cible la famille, concerne aussi les hommes. Ne nous laissons pas aveugler par les revendications des ces associations, qui n'ébranlent pas nos propres convictions religieuses. Nous devons présenter un front large, uni et déterminé, pour que ce Code, dont l'adoption constituerait une atteinte grave aux valeurs citoyennes au profit de conceptions d'un autre âge, soit rejeté (WLUML 2003).

Le Collectif pour la défense de la laïcité et de l'unité nationale au Sénégal, constitué d'une vingtaine d'organisations de la société civile[22], a ratissé large dans ses composants, caractérisés par une diversité de genres, de classes, de professions et de religions. L'offensive du Collectif est d'organiser des campagnes de délégitimisation[23] en expliquant la mauvaise interprétation des préceptes de l'islam et l'incapacité du code à aller plus loin dans l'octroi des droits aux femmes. Il lui était reproché sa non-conformité aux conventions signées par le Sénégal et aux droits des femmes.

Les médias ont relayé le débat, les uns pour appuyer le camp islamiste et les autres celui des laïcs. Les titres des journaux entre 2002 et 2003 sont révélateurs de l'intensité du débat et de la tension qui régnait durant cette période. « Modification du code de la famille: Les experts pour un autre regard du projet» (Diatta dans *Walfadjri* du 7 février 2002) ; « Le code de la famille a-t-il encore besoin de toilettage? » (Ndiaye dans *Walfadjri* du 14 février 2002) ; « Regards sur le projet de code de statut personnel islamique » (Cissé dans *Le Soleil*, 24 mai 2003) ; « Débat sur le code de la famille: les vérités de Moustapha Guèye » (Diarra dans *Le Matin*, 21 mai 2003) ; « Reforme du code de la famille: Les femmes de Thiès rejettent le Code de statut personnel » (Dieng dans *Walfadjri* du 25 avril 2003) ; « Le statut personnel à la lumière du Coran » (Dieye dans *Wal Fadjri* du 2 juin 2003) ; « Un coup de semonce salutaire » (Diouf dans *Le Soleil* du 19 mai 2003) ; « Code de la famille : Les islamistes n'ont pas baissé pavillon. Projet de Code de statut personnel : Les associations islamiques plus déterminées que jamais » (Dramé dans *WalFadjri* du 30 décembre 2003) ; « Saliou Kandji, Professeur en Droit Musulman : « La modification du Code de la famille ne s'impose pas » (Gaye et Dramé dans *Wal Fadjri* du 21 janvier 2004) ; « Projet de reforme du code de la famille : Les risques de divisions religieuses? » (*Walfadjri* du 15 avril 2003) ; « Réforme du Code de la famille: Le collectif des femmes islamiques approuve » (Idrac *Walfadjri* du 25 avril 2003) ; « Un pluralisme juridique constructif pour un code de famille juste et démocratique » (Kébé dans *Le Soleil* du 5 mai 2003) ; « Le réseau Siggil Jigeen à propos du nouveau Code de la famille : Des perspectives de conflit et d'intolérance » (Konte dans *Sud Quotidien* du 15 avril 2003) ; « Réforme du code de la famille : Les religieux déclarent la guerre à Wade » (Saada dans *Wal Fadjri* du 2 juin 2003) ; « Fin du débat sur la révision du code de la famille: Le chef de l'Etat réaffirme son opposition » (Sarr dans *Le Soleil* du 19 mai 2003) ; « Code de statut personnel islamique : Un nouveau projet qui cherche son adoption » (Seck dans *Wal Fadjri* du 9 avril 2003).

En s'opposant à toute réforme du code de la famille qui affaiblirait la République et la laïcité de l'Etat, le président de la République rejette le projet du Circofs et met un bémol dans le débat qui perd de sa virulence (Diouf 2003).

Néanmoins, cinq années plus tard, le réseau Siggil Jigeen revient à la charge en lançant une pétition du 7 mars 2008 au 7 mars 2009. Sur l'appel à la signature, l'explication suivante est donnée :

> Posez un acte citoyen qui profite à toute la société en signant cette pétition pour la modification du Code de la Famille. Cette pétition vise à récolter des signatures pour les changements des articles 152 et 277 du code de la famille sénégalais. Ces articles traitent du statut de l'homme et de la femme au sein de la famille. Outre leur anti-constitutionnalité et leur contradiction avec les textes internationaux ratifiés par le Sénégal, ces textes ont des conséquences sur le mari et les enfants. En effet, ils empêchent la femme de contribuer à l'harmonie du couple et de la famille, car privée de l'exercice du devoir de parenté et de droits que lui garantit la législation nationale. Ils limitent, entres autres, les possibilités pour la femme de prendre en charge par les imputations budgétaires son mari et/ou ses enfants.
>
> En signant cette pétition, vous assurerez le bonheur de vos enfants et celui des générations futures, vous aiderez de nombreuses familles sénégalaises à préserver l'harmonie de leur foyer (Réseau Siggil Jigeen 2008-2009).

Cependant, la pétition n'a pas eu l'effet escompté et aucune suite n'est donnée par l'Etat à la demande du réseau. Le Réseau africain pour la promotion de la femme travailleuse (Rafet) revient à l'assaut lors d'un atelier, organisé du 1er au 2 août 2009. Ses membres, représentés par le Professeur Amsatou Sow Sidibé, ont exigé de corriger les injustices induites par la puissance paternelle pour un partage des responsabilités parentales par la révision du Code de la famille sénégalais.

Après une trentaine d'années de lutte, le mouvement pour la réforme du code de la famille est aujourd'hui mis en veilleuse. Sous les effets conjugués de la pression des religieux, le mouvement a perdu ses premières batailles et est en stand-by depuis le lancement de la pétition et le veto du président de la République. Les réactions des organisations de femmes ont été en général plus défensives qu'offensives face aux attaques du Circofs et cela a handicapé le mouvement. Cependant, l'une de ses réussites est d'être arrivé à obtenir la réforme du code grâce à la loi n°89-01 du 17 janvier 1989, qui permet aux femmes le plein exercice de sa capacité civile. Autrement dit, elles peuvent avoir librement une activité professionnelle sans le consentement du conjoint et gérer de manière autonome ses biens. Une révision a été aussi apportée dans les dispositions visant le lieu de résidence, le divorce, ou l'usage du nom du mari. Cette réforme juridique a eu des conséquences sur les femmes et la gestion du couple, d'autant plus que l'accroissement de la pauvreté a fait des femmes des chefs de famille. Tout récemment, une des batailles a été gagnée avec l'adoption, le vendredi 28 juin 2013 par l'Assemblée nationale, du projet de loi révisant la

« loi sur la nationalité, afin de permettre à la femme sénégalaise d'octroyer la nationalité sénégalaise à son conjoint et à ses enfants de nationalité étrangère dans les mêmes conditions que l'homme sénégalais » (rapport de la commission des lois).

Le mouvement aura également le mérite de poser le débat qui laisse voir les défis que représente la question de la laïcité et de la citoyenneté des femmes. Cependant, la polémique n'a pas dépassé le cercle des élites urbaines. Il est resté confiné dans le cadre étroit des universitaires, des juristes et des médias, notamment la presse écrite. Les campagnes de sensibilisations se sont arrêtées à la ville, oubliant les femmes des zones reculées du Sénégal. Le fait d'avoir raisonné le débat, en termes de croyances religieuses en réponse aux actions CIRCOFS, a handicapé et détourné le mouvement des femmes de ses objectifs. Le prochain combat gagnerait à être ramené sur un terrain de l'égalité et de l'équité de genre. L'argument de la laïcité constitue également un élément de combat, nous dit Fatou Sow lors de son interview (le 28 mai 2012).

Le mouvement pour la paix en Casamance

Les tentatives de constitution d'un mouvement pour la résolution des conflits et pour une culture de paix en Casamance remontent aux premières années de la crise casamançaise, à partir des années 80. Les fréquentes luttes qui opposent les combattants du MFDC (Mouvement des Forces Démocratiques de la Casamance) et militaires de l'armée nationale du Sénégal ont contribué à briser les fondements culturels et politiques de la société casamançaise. Ces affrontements mettent dans une insécurité permanente les populations de cette région au sud du pays. Elles payent un lourd tribut de cette trentaine d'années de guerre.

Face à cette situation, les femmes se sont mobilisées pour la paix. L'un des mouvements actifs mais aussi éphémères a été le Mouvement des Femmes pour la paix en Casamance, MOFEPAC. Ce mouvement, impulsé par des Casamançaises de Dakar, tentait de mieux faire connaître les réalités de la société casamançaise, mais aussi de contribuer à la consolidation de la paix et, aider les populations victimes de ce conflit (MOFEPAC 1993:1-2).

L'intervention du MOFEPAC s'inscrivait dans des actions de solidarité à l'égard de réfugiés, des rapatriés et des déplacés. Ces actions se limitèrent à des distributions de vivres et de couvertures (Biaya 1999:21). Ce mouvement, bien qu'il ait discuté avec tous les acteurs du conflit (les leaders et les branches armées du MFDC, les trois associations de femmes avec la délégation des femmes âgées de la Casamance, appelées les « traditionnalistes »), ne fut pas associé aux différentes négociations formelles pour régler le conflit entre l'Etat et le MFDC. Sa marche pour la paix, organisée en 1993 en collaboration avec Yewwi Yewwu, fut interdite par le gouvernement. Par ailleurs, les recommandations fortes que le mouvement a proposées n'ont pas été prises en considération par les autorités sénégalaises. Il manquait au MOFEPAC un leadership fort pour le maintenir dans ce combat de longue haleine.

Après l'échec de ce mouvement, d'autres organisations ont vu le jour à partir du milieu des années 90. Mais ce sont surtout, d'après les résultats des enquêtes à Ziguinchor, des associations des femmes comme CRSFPC/ USOFORAL, KAGAMEN, ABOOKETOR, le Forum des femmes pour la paix et, plus récemment, la Plateforme des Femmes de la Casamance pour la Paix (PFCP) qui sont considérées comme les acteurs clés travaillant en faveur de la paix en Casamance. Toutes ces associations sont convaincues que les femmes sont des vecteurs de construction et de consolidation de la paix sociale. Comme le dit si bien un responsable de l'ONG Cause première à Ziguinchor, « la paix et le développement peuvent être portés par les femmes de la base. » Par ailleurs, les femmes qui composaient ces associations étaient concernées par cette guerre qui les affecte de par sa violence, par sa longue durée ainsi que par l'implication de leurs époux, fils, frères, enrôlés comme soldats dans le MFDC ou dans l'armée sénégalaise.

L'idée de la création du Comité Régional de Solidarité des Femmes pour la Paix en Casamance (CRSFPC) fut émise lors du forum du Congad de 1998 qui portait sur le thème : « Paix et développement en Casamance: c'est possible ! ». Les activités débutèrent effectivement en 1999 sous la direction de sa secrétaire générale, Fatou Guèye Diallo, professeur d'économie. Le Comité, constitué à sa création d'une vingtaine de groupements féminins, était fortement lié à la commission des femmes de l'ACAPES (Association Culturelle d'Aide à la Promotion Educative et Sociale). Seynabou Male Cissé, qui en est actuellement la présidente, effectua une recherche en 1997 sur les mines de terre. Dans son rapport, elle insista sur l'importance à accorder aux prêtresses, gardiennes d'objets sacrés.

Le Comité Régional de Solidarité des Femmes pour la Paix en Casamance/ Usoforal (CRSFPC/Usoforal) partage cette opinion et estime que la gent féminine doit participer pleinement à la vie communautaire pour qu'elle puisse contribuer et appuyer le travail d'édification et de consolidation de la paix en Casamance. L'objectif de l'ONG est de « mieux impliquer les femmes dans l'édification d'une paix durable pour une société prospère et égalitaire et pour élaborer avec elles des projets visant à leur assurer un meilleur statut social et économique »[24]. Les actions du Comité concernent en premier les femmes, les jeunes en milieu scolaire ou des mouvements associatifs. Son message de paix s'adresse aussi aux acteurs du conflit casamançais, que sont l'Etat et le MFDC, et à tous les niveaux de la hiérarchie. Le titre « Usoforal », un mot diola qui veut dire « unissons-nous », montre la nécessité d'unir les forces pour avoir « une Casamance apaisée, prospère et ouverte sur le monde extérieur avec des femmes leaders travaillant pour l'émergence d'une nouvelle citoyenneté féminine »[25].

Le premier acte posé par le CRSFPC fut de participer à la conférence sur la coopération régionale et sur la résolution de conflit qui a été organisée à Banjul en Gambie par le *Centre for Democracy and Human Rights Studies* (Centre d'Etudes sur la Démocratie et les Droits de l'Homme). Cependant, le statut d'organisation observatrice qui leur a été imposé a limité leurs actions dans ces négociations entre le gouvernement sénégalais et le MFDC. Les représentantes du Comité réussirent malgré tout à faire un plaidoyer poignant en faveur de la paix, en présence d'Alexandre Djiba (porte-parole du MFDC), de Pierre Goudiaby Atepa (qui dirigeait le groupe des cadres casamançais), et du président gambien, Yaya Jammeh (Beck *et al* : 2001).

Suite à cette rencontre, le CRSFPC poursuivit différentes activités de promotion de la paix en Casamance. Cependant, le Comité connut à partir de 2000 des scissions qui se traduisent par la création en juin 2001 d'une association parallèle, sous forme de groupement d'intérêt économique, dirigée par Marguerite Coly Keny et appelée *Kabonketoor* qui signifie en joola « se pardonner ». La présidente de Kabonketoor explique cette séparation par la présence de femmes non initiées dans le CRSFPC comme Seynabou Male Cissé. Ces dernières n'avaient pas le droit de pénétrer dans la forêt sacrée. De plus, comme ces femmes ne parlaient pas joola, cela entraînait des traductions pour communiquer avec les prêtresses. Elles étaient aussi soupçonnées de dévoiler le rituel sacré aux étrangers. Toutefois, la principale accusée avance des raisons financières qui seraient à l'origine de ces dissensions internes.

Ces différentes organisations de femmes organisèrent depuis lors différentes manifestations pour la paix. Suite à la reprise des combats, de mai à novembre 2009, entre l'armée et le MFDC, qui aurait causé plusieurs morts et blessés, un appel des femmes à la paix en Casamance est lancé à Ziguinchor le 17 décembre 2009[26]. Le cri de cœur des femmes est exprimé en ces termes :

> Les populations souffrent des difficultés croissantes de la vie quotidienne et de l'insuffisance des services sociaux de base: santé, éducation. Dans certains endroits, à cause de l'insécurité les rizières et les champs sont abandonnés en pleine activité culturale. La libre circulation des biens et des personnes est sous menace épisodique. Une

région déstabilisée, qui voit se développer le trafic de la drogue, qui assiste impuissante à l'exploitation incontrôlée de ses ressources naturelles, où l'insécurité hypothèque le tourisme, et annihile tout effort économique, est vouée à une mort lente… Après avoir vécu 8, 15, même 20 ans chez des parents dans d'autres villages ou bien à Ziguinchor, les personnes déplacées sont fatiguées et désespérées… Nous ne sommes pas des politiques, nous sommes des femmes, de simples citoyens. Nous sommes des membres d'organisations de la société civile qui travaillent en Casamance et nous interpellons toute bonne volonté à se joindre à notre cri de cœur pour éviter de rater une chance historique de résoudre le problème en Casamance et de retomber dans les atrocités de la guerre. Depuis presque trente ans, la Casamance est le théâtre d'une violence inouïe. Toute une génération est née et a grandi dans la guerre. Est-ce que cela a ouvert les pistes d'un avenir prospère et heureux pour tout le monde ? Non ! La guerre a plutôt laissé des traces profondes dans les cœurs du peuple et une Casamance qui continue à souffrir… Nous tous sommes interpellés à contribuer, par notre propre effort, à commencer à communiquer avec respect vis-à-vis de l'autre. Dans les cultures traditionnelles casamançaises, les femmes avaient le droit de s'interposer entre les belligérants qui sont obligés de déposer leurs armes. C'est dans cette tradition que nous appelons à un cessez-le-feu immédiat et radical. Ce sont des femmes de la société civile qui appellent tout le monde à la raison.

Pour consolider leurs actions dans la recherche de la paix en Casamance, les femmes de Casamance ont éprouvé le besoin de créer en 2010 une nouvelle structure, appelée la Plateforme des femmes de la Casamance pour la Paix (PFCP), regroupant des femmes leaders des régions de Ziguinchor, de Kolda et de Sédhiou. La Plateforme, dirigée actuellement par Lalia Sambou Diédhiou, a pour objectif l'implication effective des femmes dans le processus de paix en Casamance, car « le conflit casamançais n'est pas une fatalité. Il est le fait des hommes, donc, la solution est à [portée] ».

Les moyens d'actions sont la sensibilisation et la mobilisation, les ressources proviennent des cotisations de l'ensemble des associations adhérentes. La PFCP est soutenue par le PROCAS, « Programme d'appui au développement socio-économique pour la paix en Casamance » de la coopération allemande. Selon Ndèye Marie Thiam, une des responsables de la Plateforme des Femmes de la Casamance pour la Paix (PFCP), son objectif est d'aider les femmes victimes du conflit armé en Casamance. Leurs activités portent sur l'éducation à la paix et à la citoyenneté et l'autonomisation des femmes. Une caravane (qui a sillonné les régions de Sédhiou et Kolda au sud du Sénégal en septembre 2011) et des marches pour la paix sont les actions phares organisées par la Plateforme pour sensibiliser les populations et les acteurs du conflit. La Plateforme a participé en avril 2011 au Forum mondial social à Dakar en organisant une marche pour sensibiliser la communauté internationale à sa cause.

Lors de leur énième marche, le samedi 15 janvier 2011, les femmes de la Casamance, sous la direction de la plateforme, ont protesté contre le regain de tension, observé dans la région sud, notamment dans le département de Bignona.

> Après une veillée de prières à la place Gao de Ziguinchor, plusieurs centaines de femmes sont descendues dans la rue pour exiger la cessation immédiate des hostilités entre l'armée et les rebelles du Mouvement des forces démocratiques de la Casamance (Mfdc). Pendant plus d'une heure, elles ont marché, chanté, imploré le Tout-Puissant pour un retour définitif de la paix dans cette région sud du Sénégal (Mané 2011).

Deux jours avant, la Plateforme avait fait une déclaration exigeant :

> De tous, l'arrêt immédiat des tueries insensées, de l'Etat, la mise en place de toutes les dispositions pour la reprise immédiate des négociations, du MFDC, l'unité de tous ceux qui se réclament de ce mouvement pour, d'une seule voix, répondre à l'appel au dialogue, de tous les Sénégalais, la conscience que ce conflit n'est pas exclusivement casamançais, car ceux qui meurent aux combats, ceux qui souffrent de ses conséquences sont tous des Sénégalais de sang et de chair. » (« Tout pour la paix maintenant », déclaration faite à Ziguinchor le 13 janvier 2011.

Cet appel exprimait clairement leur lassitude du conflit et la nécessité d'associer tous les Sénégalais dans la résolution de celui-ci. Le 27 mai 2011, dans un entretien accordé à l'Agence de Presse sénégalaise (APS), la coordinatrice de l'ONG « CRSFPC/Usoforal », Seynabou Male Cissé, demande un élargissement du Programme national de réinsertion socioprofessionnelle des anciens combattants de la rébellion en Casamance à l'endroit des veuves des combattants morts ou disparus qui ont la charge des enfants.

Malgré toutes leurs actions, les associations de femmes œuvrant pour la paix font face à d'énormes défis quant à leur participation aux processus de consolidation de la paix et à la traduction des instruments normatifs en véritables droits et en changements concrets. La capacité des femmes à influencer réellement les processus de paix est souvent compromise par la menace ou l'expérience réelle des violences sexuelles basées sur le genre (VSBG), qui habituellement s'aggravent pendant et après les conflits armés, et par les obstacles incessants à la pleine participation des femmes aux instances de décision. Il est regrettable que les acteurs du conflit considèrent les femmes uniquement comme des « *victimes* » de conflits et ignorent le rôle très important qu'elles peuvent jouer dans les processus de paix et de résolution des conflits. Certes, le Sénégal a adopté un plan d'action national de mise en œuvre de la résolution 1325 du Conseil de sécurité des Nations Unies, mais les mesures tardent à être appliquées. Cette Résolution 1325 du Conseil de Sécurité des Nations Unies de 2000 engage les États membres à associer les femmes aux négociations et aux accords de paix. Une démarche soucieuse d'équité entre les sexes dans les opérations de maintien de la paix est aussi un préalable.

Pour ces diverses raisons, Seynabou Male, coordinatrice de la commission dialogue politique de la Plate-forme, pense que le mouvement pour la paix est en construction et que son « objectif est de créer cette vague, ce mouvement fort pour faire pression sur l'Etat et le MFDC ».

Le mouvement pour la parité et une plus grande participation politique des femmes

Le mouvement pour une plus grande participation politique des femmes ne date pas d'aujourd'hui, il remonte au combat des Sénégalaises pour l'obtention du droit de vote. Ce combat citoyen pour une représentation équitable des deux sexes dans les instances de décision s'est imposé avec le développement des organisations de femmes et de l'émergence d'un leadership féminin différent. Cette exigence d'égalité est à placer dans un contexte particulier qui voit un changement dans la situation des femmes avec le développement de l'emploi salarié féminin, l'accès à la sphère publique, l'investissement des femmes dans le secteur informel, l'intégration des femmes dans la problématique du développement, les crises socioéconomiques et les avancées juridiques en leur faveur. Ces changements sont la source des formes nouvelles de mobilisations.

Il faut également préciser que les années 90 constituent l'âge de maturation des organisations de femmes. Leur professionnalisation coïncide avec l'émergence d'une nouvelle génération de femmes activistes, la plupart provenant des critiques des mouvements de la gauche socialiste des années 1960 et 1970 et marquées par la décennie des Nations Unies pour les femmes, par les programmes « Femmes et Développement » et ensuite « Genre et Développement ». Au sein de leurs organisations, ces femmes espèrent transcender les premières préoccupations nationalistes de leurs prédécesseurs qui cherchaient avant tout à améliorer la condition féminine en se focalisant sur la santé maternelle et infantile ou le droit à l'alphabétisation. Ces préoccupations sont restées, mais elles revendiquent une plus grande vision de leur situation. Cela consiste à accepter la pluralité des identités féminines et en une remise en question plus profonde des structures socioculturelles, économiques et politiques existantes, caractérisées par une persistance des inégalités.

Cette nouvelle approche coïncide avec l'ouverture démocratique, avec la naissance d'une floraison de partis politiques. Cependant, « l'ouverture démocratique a élargi les espaces de liberté et a accru le nombre de partis politiques sans pour autant subvertir le paradigme de l'exclusion qui confine les femmes aux périphéries de l'espace politique » (Diaw et Touré 1998:28).

L'efficacité de ces organisations fut amoindrie par une société, dominée par l'élément masculin qui se trouve au cœur du politique et qui détermine tous les paramètres qui la font fonctionner.

C'est fort du constat de l'absence des femmes dans les instances de décision que l'une des plus importantes organisations féminines au Sénégal, le Conseil Sénégalais des Femmes (COSEF), a focalisé son combat contre la marginalisation politique des femmes. COSEF fut créé en 1995 sur une initiative de l'IAD (Institut Africain pour la Démocratie) qui, lors d'une rencontre, a mis en place un comité d'initiative dirigé à l'époque par Aminata Sow Fall (Présidente d'honneur du Conseil). Ce comité, réunissant des femmes venant de divers horizons, décida dans une assemblée générale présidée par Maréma Touré de focaliser le combat du Conseil sur une plus grande participation des femmes dans les lieux de pouvoir. Le COSEF a alors lancé des actions citoyennes en appelant les Sénégalaises venant de toutes les formations politiques, mais aussi celles qui ne sont pas partisanes, à se regrouper dans une organisation pour se positionner comme une force de pression politique.

Le COSEF a essayé de mettre en place une stratégie qui permettrait à ces dernières de quitter la périphérie et d'acquérir les capacités et les compétences nécessaires pour accéder aux sphères de décision politique. Le Conseil est une structure de concertation nationale dont la grande particularité est de regrouper les femmes de divers horizons, mais surtout des femmes venant de différents partis politiques. En effet, conscientes de leur marginalité partagée au sein de leur parti, qu'il soit de gauche ou de droite, et dans tous les secteurs de développement, les membres de cette organisation ont décidé d'unir leurs forces pour mieux peser de leur poids sur les orientations publiques afin de rendre équitable et d'équilibrer leur rapport de force avec la gent masculine. En réunissant toutes les compétences individuelles féminines, l'idée du COSEF est d'arriver à constituer une force qui peut peser sur l'échiquier national.

Pour ce faire, le COSEF se concentre sur le lobbying et les campagnes de sensibilisation pour l'application de la parité, ou à défaut, instaurer un système des quotas en faveur des femmes. Le Conseil a réussi à des périodes déterminées, notamment à l'approche des échéances électorales, à occuper le terrain médiatique et à jouer un rôle d'interpellation et de surveillance auprès des leaders politiques pour une plus grande investiture des femmes sur les listes électorales.

Ainsi, des rencontres dirigées par Maréma Touré ont été initiées en 1996 dans le cadre du « Dialogue avec les acteurs du politique » avec des partis comme la CDP, le RND, l'AJ/PADS, le PIT, la LDMPT, le PDSR, le RPS, le PAI, le RDC, et l'UDF/Mboolo-mi. Les leaders de ces partis ont accepté de prendre des engagements politiques pour mieux investir les femmes sur les listes électorales. Cependant, les engagements ne furent pas respectés. Des correspondances ont été aussi adressées aux secrétaires généraux de partis comme le PS, le PDS, le BCG et le Jef-Jel (et le Renouveau) pour une éventuelle rencontre. Aucune suite n'a été donnée à ces courriers.

La campagne, baptisée « Démocratie où es-tu ? », lancée le 30 mars 1998 dans le cadre d'une journée à la Fondation Friederich Ebert et dans le contexte des élections législatives de 1998 allait dans le même sens de la lutte contre la marginalisation des femmes en politique. Elle s'est poursuivie à l'échelle nationale à travers le bureau de Dakar et les différentes antennes régionales du COSEF en établissant un programme de rencontres avec les secrétaires généraux de parti. Les objectifs de cette campagne étaient d'augmenter et d'améliorer l'investiture des femmes sur les listes des partis. Le COSEF cherchait la prise en compte par les électeurs de l'approche genre dans leur choix pour une meilleure représentation des femmes à l'Assemblée nationale.

Pour réaliser ces objectifs, des activités ont été menées auprès des médias à travers la rédaction d'un appel publié dans la presse écrite et qui rend compte de l'action du COSEF en synergie avec la Plate-forme de Beijing. Des interviews ont été accordées, des émissions radiophoniques ont été réalisées par les membres du COSEF pour montrer les enjeux et les objectifs de cette campagne dont les principes essentiels sont « la justice, l'équité, la représentativité des femmes au niveau des instances de décision » (Cissé *et al.* 1999:19).

Entre 2001 et 2002, le COSEF (sous la direction d'Aminata Faye Kassé de 1998 à 2005) et ses collaborateurs, appelés groupe des cinq (G5) ont lancé au niveau national une autre campagne sur la parité. Le G5 est composé du Conseil Sénégalais des Femmes (COSEF), du Réseau Siggil Jigeen (RSJ), de l'Association des Femmes Juristes Sénégalaises (AJS), du Forum Civil (FC) et de l'Association des Professionnelles Africaines de la Communication (APAC). Le slogan en était : « Électrices, c'est bien, élues, c'est encore mieux ». Les cinq associations sénégalaises militaient pour le renforcement de la représentation des femmes à l'Assemblée nationale lors des prochaines élections législatives. La stratégie adoptée par le groupe fut de passer des émissions de cinq minutes tous les soirs. Dans ces émissions, des femmes s'adressaient à leurs homologues pour leur faire prendre conscience de leur droit d'occuper de hauts postes de responsabilités. L'objectif était d'arriver à obtenir au moins 36 pour cent d'élues.

En visant 36 pour cent d'élues sur les 120 députés (contre seulement 19 sur 140 dans l'Assemblée sortante), le G5 comptait bien peser sur le fonctionnement des partis politiques sénégalais et réduire les disparités sexistes constatées dans leur gestion interne. Le message semble avoir été entendu puisque la Coalition Sopi (changement) du Parti démocratique sénégalais du président Abdoulaye Wade a investi 33 pour cent de femmes sur ses listes, l'AFP (Alliance des forces de progrès de Moustapha Niasse, ancien premier ministre) 29 pour cent, l'URD (Union pour le renouveau démocratique) 30 pour cent. Le Parena (Parti pour la renaissance africaine) avait battu tous les records en mettant sur sa liste 64 pour cent de candidates. Par ailleurs, ce fut le premier parti dirigé par une femme, Mariéme Wane Ly, sur les 66 que comptait le Sénégal. Des femmes étaient même inscrites en seconde position sur les listes de plusieurs partis, tels le PIT (Parti pour l'indépendance du travail), le Parti Socialiste, And-Jëf Parti Africain pour la Démocratie et le Socialisme et le Rassemblement National Démocratique.

A côté de ces activités, le COSEF (dirigé à cette époque par Haoua Dia Thiam, présidente de juillet 2005 à juillet 2008) a constitué un forum qui s'inscrivait dans le cadre de la campagne « avec la parité, consolidons la démocratie » en partenariat avec les mouvements de femmes des partis politiques, les organisations de la société civile et la presse. L'objectif de ce forum était de « contribuer à l'effectivité de la parité dans le code électoral, à travers l'adoption de mesures immédiates et concrètes pour l'effectivité de la loi constitutionnelle sur l'égal accès des femmes et des hommes aux mandats électoraux et fonctions électives ». Le COSEF espérait arriver à sensibiliser l'opinion publique sur la pertinence de la parité dans les institutions délibératives. Ce forum souhaitait réussir à faire des parlementaires, des leaders politiques, des guides religieux et des professionnels des médias des parties prenantes de la promotion de la parité.

Les principales actions réalisées étaient une pétition nationale exigeant la parité comme critère de recevabilité des listes de candidature en 2005 et une campagne qui fut lancée le 8 juin 2005 à la Chambre de Commerce de Dakar, sous la direction d'Aminata Diaw Cissé, alors secrétaire générale du COSEF. Des rencontres furent organisées avec les présidentes de mouvements de femmes de partis politiques (comme Awa Fall Diop et Khoudia Mbaye pour le mouvement des femmes de AJ et de la LD/MPT, Lucie Cissé pour les femmes du PIT) pour relayer le plaidoyer auprès des membres de leurs partis.

Un sit-in fut organisé le 1ᵉʳ décembre 2006 à l'Assemblée nationale pour réclamer la parité dans le code électoral. Les résultats obtenus par le COSEF et ses partenaires sont la résolution de l'Assemblée nationale prise en faveur de la parité le 1er décembre 2006. La dimension genre fut prise en compte dans les conditions de recevabilité des listes de candidatures aux élections législatives en décembre 2006. La pétition fut présentée à la 52ème session de la Commission des Nations Unies sur la Condition de la Femme à New York (en février 2006), par l'équipe du COSEF, (composée d'Haoua Dia, d'Odile Ndoumbé Faye, d'Aminata Sarr et de Fatou Kiné Diop) pour solliciter le soutien des sœurs du mouvement transnational de femmes (COSEF 2011).

Suite à la demande du COSEF, un modèle de loi est élaboré par une équipe, composée de juristes. Il s'agissait des Professeurs Amsatou Sow Sidibé, Ndiaw Diouf, El Hadj Mbodj et Ismaïla Madior Fall. La loi fut soumise à la ministre de la Femme de l'époque, Aïda Mbodji, à charge pour elle de la remettre au chef de l'Etat. L'un des pas considérables vers la réalisation des objectifs du COSEF est le vote de la loi n°23/2007 portant introduction de la parité sur la liste des candidats au scrutin de représentation proportionnelle le 27 mars 2007 à l'Assemblée nationale. Il y a le vote de la loi constitutionnelle n°40/2007 de novembre 2007 qui ajoute à l'article de la Constitution la disposition suivante : « la loi favorise l'égal accès des femmes et des hommes aux mandats électoraux et aux fonctions électives ». Cependant, suite au recours déposé auprès du Conseil constitutionnel par le Parti Socialiste (PS), l'Alliance des Forces de Progrès (AFP) et la Ligue Démocratique/Mouvement pour le Parti du Travail (LD/MPT), la décision d'imposer la parité sur les listes d'investiture des élections législatives et locales fut invalidée trois mois plus tard par cette instance suprême. L'explication donnée par le Conseil constitutionnel est que la loi sur la parité est contraire aux principes d'égalité des citoyens, définis dans le Préambule de la Constitution sénégalaise. Selon Fatou Kiné Camara (2007), cela traduit l'ignorance du Conseil constitutionnel qui « méconnaît deux Conventions fondamentales intégrées au texte de la Constitution : la Convention pour l'élimination de toutes les formes de discrimination à l'égard des femmes (CEDEF) et le Protocole additionnel à la Charte africaine des droits de l'homme relatif aux droits de la femme».

Suite à l'invalidation de la loi, une nouvelle campagne est lancée de 2008-2010 avec des supports de communication pour diffuser le message, et avec des rencontres avec l'Etat et les guides religieux. Une chanson clip a été réalisée avec l'artiste Fatou Guewel Diouf, qui fut diffusée dans la plupart des différentes chaînes de radio et de télévision ainsi que dans les stations de radios communautaires. Un sketch sur la parité est réalisé avec la troupe théâtrale « *Bamtaaré* » de l'Association pour la Promotion de la Femme Sénégalaise (APROFES) de Kaolack. Des seaux, gobelets, tee-shirts et des flyers ont été confectionnés à l'effigie du slogan « La parité dans le Code électoral, une exigence des femmes » et ont été distribués lors des forums tenus à Dakar et dans les régions (COSEF 2011:43-44). La marche spectaculaire pour la parité de milliers de femmes, habillées en blanc, de la place de l'indépendance jusqu'au palais de la République le 23 mars 2007, a permis de remettre officiellement au chef de l'Etat le modèle de loi sur la parité du COSEF. Cette mobilisation montre qu'en « marchant de la place de l'Indépendance, symbole de la liberté nationale, au palais de la République, siège du pouvoir suprême, les femmes ont décidé de rompre les amarres de l'exclusion pour aller investir le cœur de l'espace clé de décision : le Palais de la République » (Diop 2012:34) Trois années après la marche qui a réuni ce millier de femmes, la loi sur la parité est votée le 28 mai 2010 et dotée du décret d'application n°2011-819 le 16 juin 2011.

Outre les activités du COSEF, un « *Caucus des femmes leaders* » pour le soutien de la loi sur la parité est mis en place sous la houlette du laboratoire genre de l'Institut Fondamental d'Afrique Noire Cheikh Anta Diop, dirigé par Fatou Sarr. Le but du Caucus est de « créer une dynamique pour sensibiliser l'opinion par une pédagogie adaptée, avec des activités par les médias en direction des populations pour briser les résistances et les hostilités au projet de loi, grâce à une communication adaptée selon la culture ». Des ateliers de réflexion et de partage autour de la loi sur la parité sont organisés par le Caucus entre avril 2010 et le 7 mai 2011 dans les régions de Dakar, de Thiès, de Saint-Louis, de Kaffrine, de Kédougou et de Ziguinchor. Les premiers groupes ciblés sont les femmes leaders, issues des partis politiques, des centrales syndicales et des organisations de la société civile. La coordinatrice nationale, Fatou Sarr, a participé à plusieurs émissions radiophoniques pour présenter le Caucus et expliquer les enjeux de la loi sur la parité. A cet égard, elle a rencontré les rédacteurs en chef des organes de la presse écrite et audiovisuelle pour le traitement adéquat de la question. Un site web a été créé pour présenter et rendre visible les activités du Caucus[27]. Un dépliant reprenant le texte de loi est édité en plus 10 000 exemplaires rentre dans la campagne d'information. L'une des activités phare de cette organisation est la rencontre réunissant le 16 avril 2010 à l'UNESCO-Breda des femmes leaders, issues des partis politiques, des centrales syndicales et des organisations de la société civile. Des réunions entre quelques membres du Caucus et le chef de l'Etat Abdoulaye Wade sont organisées au palais de la République, respectivement le 24 avril et le 13 mai 2010. Un Atelier national, tenu le 5 août 2010 à Dakar, a permis de sensibiliser sur la parité 150 participantes venues des 14 régions du pays.

Parallèlement à la loi, fut créé, par le décret n°2011-309 du 7 mars 2011, l'observatoire de la parité. Son installation officielle, le 16 novembre 2011, par le président Wade, participe de la volonté politique de l'Etat à l'effectivité de la parité hommes et femmes dans les instances électives. La structure, dirigée par Fatou Kiné Diop, actuelle présidente du COSEF, réunit les plus grandes organisations de femmes. La mission de l'ONP est de « veiller à l'application de la loi sur la parité, mais aussi de suivre, d'évaluer et de formuler des propositions tendant à promouvoir la parité entre les hommes et les femmes dans les politiques publiques ».

Les programmes de sensibilisations se sont poursuivis. Ainsi, lors des échéances législatives de juillet 2012, le caucus des femmes leaders et le COSEF n'ont ménagé aucun effort pour organiser des ateliers de renforcement des capacités institutionnelles des femmes, inscrites sur les listes électorales. Ces candidates ont reçu une formation adaptée en matière de campagne électorale pour leur permettre de faire face aux candidats masculins plus rodés dans les joutes électorales.

Néanmoins, la poursuite et la vivacité du mouvement pour la parité restent assujetties à la volonté de l'Etat et des ministères de tutelle. La conclusion suivante du COSEF dans son livre relatant les différentes étapes de son combat pour la parité témoigne de l'espoir d'arriver à l'égalité de genre avec l'implication de tous :

> Il reste à toutes les militantes et militants de faire en sorte que la pratique de cette loi sur la parité absolue homme-femme dans les institutions totalement ou partiellement électives induise un esprit de parité : l'égalité ! (COSEF 2011:56).

Par conséquent, la tâche des organisations de femmes œuvrant pour les droits politiques de ces dernières n'est pas encore achevée. Le défi du mouvement pour une grande participation citoyenne des femmes a été l'application de la loi lors des élections législatives en juin 2012.

Un scepticisme et une méfiance s'étaient installés dans les organisations de femmes qui doutaient de l'engagement des instances décisionnelles pour rendre opérationnelle et effective la parité de genre.

Ce défi n'est pas uniquement politique, il y a également un enjeu médiatique important. En effet, c'est une bataille de communication qui s'est engagée pour expliquer la parité aux populations et sensibiliser les partis politiques de la nécessité de la respecter. Dans une interview accordée le 15 juin 2010 à Aliou Kandé, du quotidien national *le Soleil*, Maréma Touré soulignait que « la parité n'est pas une loi subversive qui cherche à bouleverser la structure de la famille. La parité ne cherche pas à chambouler la structuration de la sphère privée, elle concerne seulement la sphère publique et concerne, pour le moment, les fonctions électives. La loi sur la parité vise à investir plus de la moitié des ressources humaines du Sénégal de tous leurs attributs de citoyenneté et d'acteurs à part entière et égale du développement ».

Cette affirmation de Maréma Touré résume bien le message véhiculé par les organisations de femmes concernant la compréhension à avoir de la parité. Tout au long de la campagne électorale, des femmes actrices du mouvement pour la parité ont essayé de rassurer la société sénégalaise sur les aspects purement politiques de cette loi à travers des émissions télévisées, radiophoniques ou à travers des articles dans la presse écrite. Toutefois, ce plaidoyer n'a pas convaincu certains religieux qui pensent que la parité aura des conséquences dans la sphère privée. Autrement dit, elle va contribuer au changement des rapports homme/femme dans la vie de couple. Les prêches à la radio comme à la télévision traduisent cette inquiétude masculine. Leur offensive s'est manifestée par un investissement non négligeable de partis à caractère religieux durant la douzième législature. Ces derniers ont adopté comme stratégie l'intervention des femmes dans leurs sorties télévisées, contribuant ainsi à une forte visibilité féminine dans l'espace politique. Cette adhésion des femmes dans l'activisme politique islamiste leur donne un droit à la parole qui n'est pas observé dans les partis politiques classiques.

Après quelques mois de campagnes de sensibilisation et de formation, les résultats des élections législatives du 1er juillet voient 43,33 pour cent de femmes des 150 députés élus. De ce fait, 65 femmes vont siéger à l'hémicycle. Face à ce résultat, un courant réactionnaire, incarné par Maître El Hadj Diouf (leader du Parti des Travailleurs et du Peuple, PTP), demanda l'abrogation de la loi en brandissant l'argument du mérite et de la compétence pour figurer sur les listes électorales. Pour lui, « la parité est un danger, même pour les femmes. Parce que les femmes les plus méritantes sont absentes des listes » (interview publié sur Seneweb le mercredi 8 août 2012). L'autre argument avancé par les opposants à la loi, et on retrouve parmi eux beaucoup de femmes intellectuelles, est celui du faible niveau d'instruction des femmes inscrites sur les listes. A cause de ce handicap, elles n'auraient pas les compétences requises pour constituer l'assemblée de rupture qu'on attendait de la présence féminine à la douzième législature. La compétence qui est mise en relief est celle obtenue dans le cadre du système éducatif formel cette conception ne tenant pas compte des expériences et des capacités acquises en dehors de ce système. Ce vent de contestation montre la précarité des acquis du mouvement social féminin sénégalais.

Face à ces plaidoyers pour une remise en cause de la loi sur la parité, un collectif, composé de l'AJS (Association des Juristes Sénégalaises), du COSEF (Conseil Sénégalais des Femmes), de la RADDHO (Rencontre Africaine pour la Défense des Droits de l'Homme), en partenariat avec l'AMLD (Alliance pour la Migration, le Leadership et le Développement), de l'APROFES (Association pour la Promotion de la Femme Sénégalaise), du CLVF (Comité de Lutte contre les Violences faites aux Femmes), de la FAFS (Fédération des Associations Féminines Sénégalaises), de FEMNET Sénégal , du FFS (Forum Féministe Sénégalais), du GREFELS (Groupe de Recherche Femmes et Lois au Sénégal), d'ORGENS (Observatoire des Relations de Genre au Sénégal), le RADI (Réseau Africain pour le Développement Intégré), du REPSFECO (Réseau Paix et Sécurité pour les Femmes de l'espace CEDEAO) et du RADI (Réseau Africain pour le Développement Intégré), a sorti, le 16 juillet 2012, un communiqué de presse pour rappeler « aux député/e/s nouvellement élu/e/s que la Constitution et les conventions citées (qui font partie intégrante de la Constitution) s'imposent à elles et eux et qu'elles et ils ont donc l'obligation de respecter la parité femme - homme dans la composition du bureau et des commissions ». Le collectif s'appuie surtout sur l'article de la Convention sur l'Elimination de toutes les Formes de Discrimination à l'égard des Femmes (CEDEF/CEDAW 1979) qui confirme le caractère non discriminatoire de l'égalité homme/femme. Cet esprit est repris dans la Constitution du Sénégal dans son article 7 alinéa 5 qui, dans sa loi organique n°40/2007, stipule que la loi favorise l'égal accès des femmes et des hommes aux mandats et fonctions électives.

Les associations restent vigilantes face à ces résistantes qui se manifestent à tous les niveaux. Elles sont conscientes que le respect de la loi sur la parité par son application et par son irréversibilité constitue le pari à relever dans les années à venir. Le COSEF en a compris l'urgence et a mis en place, avec l'appui de ONUFEMMES, depuis avril 2012, un projet sur deux ans qui est un « plaidoyer et [un] renforcement des capacités pour la mise en œuvre effective de la loi sur la parité au Sénégal ». Le but visé est de mobiliser les autorités communautaires, religieuses et politiques à soutenir l'application de la loi sur la parité. Un des objectifs est aussi de renforcer les capacités institutionnelles et les procédures électorales des partis politiques sénégalais pour qu'ils ne puissent pas revenir sur la loi et faciliter son effectivité. Il leur est demandé une révision de leurs statuts et règlements intérieurs en conformité avec la loi sur la parité.

L'autre défi auquel doit aussi faire face le mouvement féminin est la compréhension à donner au concept de parité et qui divise les femmes. Une partie a une vision progressiste de la parité et souhaite l'élargissement de celle-ci pour qu'elle s'applique à la sphère privée et qu'on aboutisse à une réelle transformation des rapports hommes/femmes dans la société. La fusion « privé-public » devient incontournable, car le « privé est politique » (pour reprendre le slogan féministe « the personal is political » d'Adamson, Briskin et McPhail 1988:235). Comme le constate Aminata Diaw, on ne peut pas « réformer l'espace public en laissant intact l'espace privé ou sans ce que cela n'ait un impact quelconque sur l'espace privé ». Le concept de la parité devrait, par conséquent, s'inscrire dans un projet sociopolitique ambitieux qui rétablit non seulement les femmes dans leurs droits, mais également participe à la transformation des structures familiales et sociales. Dans cette perspective, la parité devra être plus qu'un « « principe » politique, mais un outil, un « habit » de l'égalité » (de Fraisse 2011).

L'autre groupe de femmes, le plus visible sur le plan médiatique, défend l'idée d'une parité limitée aux instances de décision politiques. En d'autres termes, pour les premières, la parité constitue un enjeu social et politique alors que les secondes s'en tiennent à son caractère politique pour des raisons stratégiques, car la société sénégalaise n'ést pas prête à assumer de tels changements. Cette fracture théorique et conceptuelle pourrait constituer à long terme l'un des plus grands handicaps du mouvement social des femmes au Sénégal et qui vient s'ajouter à d'autres obstacles auxquels elles doivent faire face pour atteindre leurs objectifs et que l'évaluation des organisations de femmes permet de relever.

3

Evaluation des organisations de femmes

L'évaluation des organisations de femmes s'est effectuée à partir d'une approche SWOT/AFOM qui consiste, d'une part, en une évaluation interne de leurs forces et faiblesses et, d'autre part, en une appréciation externe des menaces et opportunités auxquelles elles doivent faire face. L'objectif est de partir des forces de ces organisations pour réduire leurs faiblesses. L'idée est aussi d'exploiter les opportunités offertes par l'environnement externe pour atténuer l'effet des menaces (Dealtry 1992:2).

Les résultats tirés de cette analyse SWOT/AFOM permettront de réfléchir sur les orientations stratégiques à mettre en place afin de consolider les organisations/mouvements de femmes. Au préalable, une présentation des acquis des organisations de femmes est proposée pour mesurer le degré de changement qu'elles apportent aux femmes en particulier et à la société en général.

Acquis des organisations/mouvements de femmes

L'analyse des acquis des mouvements féminins permet d'évaluer la valeur heuristique des organisations de femmes comme facteurs de développement et forces de changements. Selon la grande majorité des personnes interviewées, hommes comme femmes, adultes et jeunes, ces organisations de femmes contribuent à transformer la condition des femmes et la société en général. Les changements se traduisent sur les plans socioéconomique, financier, institutionnel et politique.

Alphabétisation et formation des femmes

La discrimination dont les femmes étaient victimes dans les structures liées à l'éducation, aux niveaux religieux, artisanal, scolaire ou professionnel, a engendré une mobilisation autour de leur alphabétisation et de leur formation. Les sessions d'alphabétisation ont permis à des milliers de femmes d'apprendre à lire et à écrire, et à savoir compter dans leur langue maternelle.

A côté de cette alphabétisation, les activités de plaidoyer et de sensibilisation autour de l'inscription et du maintien des filles à l'école ont fait remonter le pourcentage de ces dernières dans les cycles primaire et secondaire. Ces années d'efforts se sont traduites par des progrès significatifs de la scolarisation des filles qui a connu une augmentation certaine. L'Agence Nationale de la Statistique et de la Démographie note au niveau national une évolution positive de l'indice de parité dans le primaire en faveur des filles depuis 2006 (ANSD 2010:94). Ainsi, le taux de base de scolarisation des filles dans l'enseignement primaire est passé de 15,5 pour cent en 2000 pour atteindre 43 pour cent en 2010 (ANSD 2010:100-101). Des efforts sont aussi notés dans le quota féminin du cycle secondaire, mais des progrès restent à faire pour le maintien des filles dans le supérieur.

Amélioration de la situation économique et relative autonomie financière des femmes

A la question de savoir si les organisations de femmes sont des facteurs de développement, toutes les personnes interviewées ont unanimement répondu que ces associations contribuent à améliorer la situation économique et financière des femmes. Pour la responsable du Dahira Chérif Younouss Haîdara, la preuve en est qu'« aujourd'hui les femmes sont dans tous les secteurs d'activités génératrices de revenus ».

Le CADEF (Comité d'Actions pour les Droits de l'Enfant et de la Femme, Africa/Sénégal) partage la même vision et montre que les changements sont perceptibles « au niveau de leur épanouissement et de leur promotion socioéconomique ». La présidente du Groupement de Promotion Féminine (GPF) de Thiès reconnaît qu'« elles acquièrent beaucoup d'expérience dans la gestion des ressources financières ». Grâce à la promotion d'activités génératrices de revenus, les organisations de femmes ont réussi à financer des micro-projets économiques pour leurs membres. Ces financements ont augmenté leur productivité et leurs revenus et cela leur « permet d'avoir une autonomie », note l'association *Mbotayou Awaba* (*Bokk liggéey*[1]). Cette indépendance financière leur permet également « de contribuer à la charge familiale », selon le Groupement de promotion féminine (GPF) de Thiès. La responsable de la FAFS de Ziguinchor est, quant à elle, persuadée que « les femmes sénégalaises, en particulier celles de la Casamance, sont des forces de développement, car l'économie sénégalaise dépend surtout de leurs activités » et lorsqu'elles réussissent, « c'est la nation qui en profite », conclut-elle.

Eveil et renforcement des capacités des femmes

Les changements positifs, observés chez les femmes, se traduisent dans leur comportement et par le relèvement de leurs niveaux de vie. Pour la Dahira Chérif Younouss Haîdara, « les mouvements de femmes ont réussi à leur faire comprendre qu'elles peuvent participer à la vie citoyenne et politique dans ce pays. Ils ont fait évoluer la mentalité des femmes et celle de la société sénégalaise en général ». Pour la responsable de FAWE Ziguinchor, « rien que le fait d'amener la femme à sortir du sous-développement et de lui montrer qu'il existe d'autres réalités sociales et un autre monde dans lequel on peut évoluer» témoigne de l'impact des actions des organisations sur les femmes. Par ailleurs, les femmes prennent conscience qu'elles peuvent prendre part au développement du pays et qu'« elles ont un rôle à jouer et un mot à dire », ajoute-elle. Leur leadership est de plus en plus affirmé. Ainsi, « elles s'expriment facilement devant une assemblée, voyagent à travers le monde et sont impliquées dans la gestion des affaires », confirme l'association Sope Aïcha de Thiès. Le Mbotayou Awaba (Bokk liggéey1) de Thiès précise que « cet éveil intellectuel des femmes change la société puisque celles-ci sont sensibilisées dans beaucoup de domaines : le gaspillage, la propreté, l'éducation, etc. ». Cette conscientisation des femmes contribue à les rendre « moins dépendantes des hommes » et leur permet de « participer aux instances de décisions », selon la cellule de Thiès du RADI. Par ailleurs, « en plus du renforcement de leurs capacités, elles ont développé une importante estime de soi», d'après l'association AWA, ce qui fait « qu'elles sont conscientes du rôle qu'elles peuvent jouer au niveau de la société », nous affirme le Groupement de promotion féminine (GPF) de Thiès.

Renforcement des liens de solidarité

A côté de ces aspects économiques et de renforcement de capacités, des liens d'amitié et de solidarité se sont consolidés et le principe de sororité appliqué par la majorité des groupements de femmes. Ce vécu en groupe entraîne l'établissement d'un climat de respect, de confiance, de compréhension mutuelle et d'affectivité. Pour l'association *fàggu ëllëg et bay sa waar* de Saint-Louis, la complicité et l'entente lient les membres. Le soutien apporté aux unes par les autres dans les périodes difficiles fait partie des éléments importants de l'esprit associatif. Comme le dit si bien le Mbootay Adja Meissa de Saint-Louis, « les organisations de femmes sont le lieu pour les femmes de tisser des liens sociaux dépassant même l'aspect économique ».

Amélioration de la santé reproductive et des conditions sanitaires des femmes

Des programmes de planning familial et de protection maternelle infantile ont été très tôt instaurés par les groupements féminins. Ces formations dans les domaines du planning familial, de soins de santé primaires, de bien-être familial, de la protection maternelle et infantile, avec la mise en place d'un programme nutritionnel (pour une disparition de la malnutrition aiguë et une baisse de la malnutrition modérée), ont contribué à l'amélioration des conditions sanitaires des femmes. Des associations, comme le Groupe Deggo de Thiès, prennent en charge les soins médicaux de leurs membres. Pour la FAFS, cellule régionale de Thiès, « les organisations de femmes sont là pour faire avancer les femmes en matière de santé, d'éducation, d'environnement, afin de les inciter à abandonner des pratiques traditionnelles néfastes ».

Renforcement de la paix et de la cohésion sociale dans le pays

Les associations de femmes ont confirmé, lors des interviews, le rôle important joué par le mouvement féminin dans la consolidation de la paix en Casamance. L'implication des femmes dans la résolution des conflits en Casamance a permis de pacifier cette zone, selon la cellule régionale de Ziguinchor de la FRGPF. « Symboles et ambassadrices de la paix, elles permettent de stabiliser le climat social », a confié FAWE Ziguinchor.

Tout récemment, La Plateforme de veille des Femmes contre la violence (« Ëttu jamm » en wolof), dont la mission principale est de prévenir les conflits et de mener des médiations auprès des protagonistes, est reconnue avoir contribué à la préservation de la paix lors des campagnes présidentielles au Sénégal. La Plateforme, coordonnée par l'ONG Femmes Africa Solidarité (FAS), dirigée par Mme Bineta Diop, en collaboration avec la RAFAO (ex-Association des Femmes de l'Afrique de l'Ouest de Khady Tall Fall, avec le GIF (Groupe d'Initiative des Femmes) d'Abibatou Ndiaye, avec le Caucus des femmes leaders de Fatou Sarr Sow et avec d'autres organisations de la société civile, a été médiatrice lors de la crise électorale qui a secoué le Sénégal durant le trimestre du début de l'année 2012 et à la veille des élections de mars de la même année. Les élections ont pu se dérouler dans un climat apaisé.

Accroissement de la collaboration entre associations et augmentation des réseaux d'organisations de femmes

Le besoin de se mettre en réseau est devenu une pratique récurrente des organisations de femmes. La majorité des groupements féminins affirment être membres de la FAFS, de la FDGPF ou de l'AFAO. D'autres associations de femmes nomment aussi le Réseau Siggil Jigeen, le CLVF, le Réseau Genre du CONGAD, le COSEF et l'APROFES. Les moins citées sont celles qui ont une dimension régionale comme le COFDEF, le Réseau des femmes pour le développement durable en Afrique (REFDAF), ou le WILDAF/FEDDAF. Cette collaboration s'est développée dans le cadre de la réalisation d'actions communes et ponctuelles, comme les formations avec la FAFS ou l'AFAO, les violences faites aux femmes avec le Réseau Siggil Jigeen ou le CLVF, la marche pour la parité avec le COSEF.

Les coalitions les plus fortes pour des actions collectives se sont faites autour des luttes pour la parité. Les organisations ont su taire leurs divergences, leurs différences d'orientation, de priorités, de rythmes pour défendre l'accès des femmes aux instances de décisions. En revanche, les combats pour la satisfaction de besoins pratiques comme par exemple la lutte contre la pauvreté n'ont pas favorisé des alliances fortes.

Acquis institutionnels et politiques

Le succès du mouvement social féminin, nous disent les organisations de femmes, est d'avoir fait en sorte que le Sénégal ratifie la plupart des conventions, résolutions et recommandations destinées à améliorer la condition des femmes. C'est sous leur pression que l'Etat sénégalais a accepté de défendre les droits des femmes et de se rendre compte de l'importance de l'analyse des rapports sociaux de sexe pour comprendre les sociétés. Les actes posés depuis les années 80 sont la mise en place d'un cadre institutionnel de « l'intégration des femmes au développement ». Elle se matérialise au Sénégal par la création de structures ministérielles (ministère de la Femme, secrétariat d'État à la Condition féminine en 1978, direction de la Condition féminine en 1980, célébration d'événements spéciaux comme la Journée Internationale de la Femme le 8 mars de chaque année, institutionnalisation d'une quinzaine nationale de la femme par décret n°80-269 du 10 mars 1980, mise en place d'un comité de la femme par arrêté n° 014003 du 10 novembre 1980, création de la commission consultative nationale de la femme par décret n°90-1289 du 8 novembre 1990 qui deviendra Comité Consultatif National de la Femme et qui est composé des représentants des institutions de la République, des membres de la société civile

(ONG, syndicats), des organisations faîtières de femmes). Ces institutions sont renforcées par l'aide internationale et suppléées sur le terrain par les ONG avec l'élaboration de politiques et d'actions en direction des femmes.

La majorité des actions du gouvernement sénégalais s'inspirent des stratégies définies par la Décennie des Nations Unies pour la Femme à Mexico (1975), à Copenhague (1980), à Nairobi (1985) et enfin à Beijing (1995). Aminata Mbengue Ndiaye, ministre de la Femme à l'époque, raconte que c'est sous la pression des associations féministes, des ONG et de la société civile en général et en se basant aussi sur les plates-formes définies lors des conférences de Dakar et de Beijing que le Sénégal a consacré un programme national d'action de la femme (PANAF) qui couvre la période de 1997 à 2001, en partenariat avec des institutions internationales, afin de financer les actions entreprises pour atteindre ces objectifs.

C'est également sous la pression des organisations de femmes que la loi d'interdiction de l'excision (1999) et la réforme de la loi fiscale (2001) furent votées. En outre, la nouvelle Constitution, adoptée le 7 janvier 2001, a revu certains codes en vigueur : Code de la famille, Code du travail, Code de la sécurité sociale, Code foncier, Code général des Impôts, Code de la Nationalité et Code de l'Environnement. Par ailleurs, le Code civil de la famille présente des dispositions favorables qui assurent la protection contre le mariage forcé ou précoce, le divorce arbitraire, l'équité dans l'héritage pour les veuves, l'abandon conjugal, l'obligation du conjoint d'entretenir la famille. Désormais, la femme mariée a le droit de travailler sans le consentement du mari. Les femmes travailleuses enceintes bénéficient de protection sociale en ayant droit à des congés avant et après l'accouchement. Elles peuvent toucher l'allocation de réversion dès le décès du mari. Des politiques incitatives sont prises pour l'augmentation du taux de scolarité des filles.

Sur le plan politique, le combat de ces organisations contre l'exclusion des femmes du processus politique a permis de porter les débats au sein des partis politiques et des syndicats. On voit de plus en plus de femmes élues secrétaires généraux de syndicats et des comités de femmes ou des cellules genres sont créés en leur sein. Ainsi, l'Union Nationale des Syndicats Autonomes du Sénégal (UNSAS) possède un département genre et équité. La Confédération Nationale des Travailleurs du Sénégal (CNTS) dispose d'un comité national des femmes, présidé par Fatoumata Bintou Yafa.

Cependant, l'une des plus grandes réussites du mouvement social féminin est le vote, le vendredi 14 mai 2010, à l'Assemblée nationale de la loi sur la parité qui consacre « l'égalité absolue des candidatures des hommes et des femmes dans toutes les institutions totalement ou partiellement électives » (Loi n°2010/11). La non-conformité des listes électorales entraîne leur irrecevabilité.

Aujourd'hui, La pression des associations féminines a contribué à renforcer et à ancrer la question des femmes dans la société. Les religieux comme les hommes politiques intègrent désormais la problématique femme dans leurs discours. Les associations féminines doivent tous ces acquis à des attributs qui leur sont intrinsèques, mais aussi à un environnement local et international qui leur est favorable. Mais des obstacles internes et externes les empêchent de réaliser pleinement leurs objectifs.

Forces et faiblesses des organisations de femmes

Les forces sont comprises dans le sens des facteurs internes aux organisations de femmes pouvant contribuer à l'atteinte de leurs objectifs. Les faiblesses concernent les obstacles à leur réalisation. Cette analyse permet d'évaluer la portée et les limites des organisations de femmes. Les opportunités sont saisies à partir de facteurs externes ou des conditions pouvant aider ces dernières à atteindre leurs buts. Les menaces sont étudiées à travers les facteurs externes à des conditions néfastes les empêchent d'évoluer.

Forces

Qualité des ressources humaines

Le potentiel humain est la première force citée par toutes les personnes interrogées comme la marque déposée des associations de femmes. Les interviews ont révélé aussi le fort degré d'engagement de la gent féminine. Cette détermination et ce sens des responsabilités leur permettent de mener à terme leurs actions. D'autres louent leur humanisme, caractérisé par les vertus du *jom* (sens de l'honneur), du *kersa* (maîtrise de soi) et de la *teranga* (hospitalité).

Les femmes sont reconnues pour avoir une grande capacité de mobilisation et d'organisation. L'indépendance et le caractère apolitique ont été relevés comme des éléments concourant à renforcer les associations de femmes et à en faire des forces dissuasives. Les autres attributs retenus qui contribuent à les souder sont le sentiment d'appartenance à une communauté, l'attachement, l'enthousiasme, l'entente entre les membres, le soutien amical et psychologique entre femmes, une entraide développée et la sororité. Certaines organisations pensent que la légitimité de leur combat constitue une force de mobilisation. A cela s'ajoutent une bonne connaissance de leurs objectifs qui est d'arriver à améliorer la condition féminine et une maîtrise de leurs cibles qui sont des femmes.

Bonne gestion des finances

Les organisations de femmes sont réputées avoir une gestion plus saine de leurs ressources financières, comparées aux associations dominées par les hommes. On leur reconnaît aussi une transparence et une honnêteté dans la gestion des projets et des fonds qui leur sont alloués.

Gestion démocratique du pouvoir

Le consensus et l'égalité sont recherchés. Le partage du pouvoir et des responsabilités est la formule la mieux consacrée pour qualifier la gouvernance dans les organisations de femmes. Cette gestion collégiale permet à toutes de participer au processus décisionnel. Les membres du COSEF parlent, par exemple, d'un esprit COSEF qui caractériserait leur manière de gouverner et qu'elles partagent toutes.

Faiblesses

De nombreux obstacles empêchent les organisations et mouvements de femmes de s'épanouir. Ces barrières sociales, économiques, politiques et institutionnelles limitent leurs actions dans le temps et dans l'espace. Les entretiens avec les concernées ont permis de soulever les contraintes ci-dessous :

Insuffisance des ressources financières

Selon les personnes interrogées, la faiblesse des ressources financières handicape énormément dans la réalisation de leurs activités. Beaucoup d'entre elles n'ont pas accès au crédit. Le budget de fonctionnement et d'investissement de la majorité des associations provient presque entièrement des cotisations propres. En général, les ressources additionnelles ont été relativement modestes et difficiles à trouver pour la plupart des Groupements d'intérêt économique (GIE). Les enquêtées ont reproché l'absence de soutien financier de la part de l'Etat et des promesses non tenues de la part des autorités publiques. Très peu bénéficient de financement externe. A cette insuffisance d'accès crédit s'ajoutent des problèmes de recouvrement dus à la courte durée des prêts et à leur taux d'intérêt élevé. Les associations de femmes sont aussi confrontées à des problèmes de gestion des finances. La plupart de leurs membres ne maîtrisent pas les techniques de vente, de fundraising et de planification.

Cette absence de moyens financiers fait renoncer beaucoup de femmes ou les cantonne dans des micro-projets qui ne permettent pas de générer des revenus importants. Certaines femmes ont reconnu que les faibles revenus tirés de leurs activités ne leur permettent pas de couvrir leurs besoins de base et que le clientélisme politique est une des solutions recherchées pour sortir de leur indigence. La Dahira Chérif Younouss Haîdara de Ziguinchor déplore non seulement le « manque de fond pour le déroulement des activités et le manque d'autonomie financière », mais met également l'accent sur la perception des femmes de leurs avoirs. La responsable reproche aux femmes de penser que « l'accumulation n'a de sens que lorsqu'elle permet la redistribution sociale des revenus ». De ce fait, elles font très peu d'investissements, surtout avec le système tontinier qui ne permet pas de disposer d'un financement conséquent.

Analphabétisme et faible niveau d'instruction

L'analphabétisme (50,4 % selon les statistiques de l'ANDS (SES, Situation économique et social du Sénégal, 2007) et le faible niveau d'instruction sont les secondes raisons invoquées par les interviewées comme des obstacles majeurs pour les organisations de femmes. Le faible accès au système éducatif et l'alphabétisation limitée des femmes sont les conséquences de la diminution des dépenses publiques en matière d'éducation dans les années 80 et 90. La réduction des contributions éducatives par enfant scolarisé, la diminution de l'allocation par enfant aurait compromis la qualité de l'éducation et fait baisser les taux de scolarisation, surtout chez les filles. Ces dernières furent les premières à souffrir des ajustements sociaux. Une sénatrice a soulevé, lors de l'entretien, la discrimination sexuelle concernant l'accès à l'instruction des filles, les garçons étant privilégiés au détriment de ces dernières dans les familles pauvres.

Ainsi, malgré un relèvement du ratio filles/garçons dans l'enseignement primaire, il y a une diminution progressive au niveau secondaire et supérieur, mettant en évidence un taux important d'abandon et de non achèvement des études par les filles. Environ 11 pour cent seulement ont reçu une éducation secondaire (ANDS 2010).

La plupart des activités de formation exécutées par les groupements de femmes permettent surtout d'assurer les tâches quotidiennes de la féminité (alimentation, éducation, santé, transmission des valeurs) en tant que pilier de la famille. On constate, en effet, des actions d'éducation à la « vie quotidienne » : santé de la reproduction, planning familial, alimentation, éducation des enfants, suivi scolaire, et des actions touchant à l'intimité de la vie familiale ou conjugale. Ce sont des dimensions « typiquement féminines » et dans les termes mêmes de la mobilisation, « les femmes peuvent paradoxalement être renvoyées à une « féminité » ré-essentialisée somme toute assez traditionnelle » (Manier 2007).

Faible accès des femmes aux instances de décision

Le manque de poids décisionnel des femmes accroît leur marginalisation. Les femmes sont le plus souvent exclues ou sous-représentées dans les instances de décision (exécutif, législatif, les conseils municipaux, les collectivités de base, les organisations syndicales et patronales) et n'ont pas les moyens de faire valoir leurs droits. En effet, la répartition inégale du pouvoir politique ainsi que le fonctionnement inégal des institutions publiques contribuent à leur exclusion. Le faible niveau d'instruction des femmes est l'argument souvent évoqué pour réduire les possibilités d'accès de celles-ci aux collectivités locales et aux autres institutions législatives.

Les actions mitigées dans l'approche intégrée du genre (« *mainstreaming* ») et dans le renforcement du pouvoir (« *empowerment* ») n'ont pas beaucoup contribué à l'accès des femmes aux instances de décision. Il existe un problème d'évaluation et de suivi de l'application du principe d'égalité des sexes dans les politiques de développement. Il y a également des difficultés à évaluer les conséquences de l'intégration du genre dans les politiques de développement en termes de modifications profondes dans la position des femmes. En fait, les inégalités et les relations de pouvoirs continuent de caractériser leurs rapports avec les hommes. La représentation des femmes dans les instances de décisions est tellement limitée qu'elles ne peuvent défendre elles-mêmes leurs intérêts.

Méconnaissance des femmes de leurs droits et des politiques publiques en leur faveur

Très peu de femmes ont connaissance des lois et politiques publiques en leur faveur et cette ignorance les handicape dans leurs activités. Quelques interviews ont relevé le déficit d'informations sur les politiques publiques en général et plus particulièrement sur le processus de décentralisation, sur le mandat des collectivités locales et sur leurs droits et devoirs en tant que citoyennes à l'intérieur de ces structures. Pour l'AFEE, la non compréhension des femmes de leurs droits est surtout visible avec l'exemple de la parité dont le concept n'est pas compris de la majorité des Sénégalaises et des Sénégalais.

Manque de leadership

Ce sont surtout les hommes interrogés qui ont soulevé le problème de compétences et de leadership. Ces handicaps justifieraient la réticence des dirigeants de partis politiques à désigner des femmes en tête de listes. Ces derniers leur reprochent aussi leur manque de familiarité avec les campagnes et le processus démocratique en général.

La présidente du mouvement des femmes d'AJ/PADS lie l'exclusion des femmes aux représentations de la société sénégalaise du leadership social qui suppose une qualification, une formation professionnelle probante et un niveau d'instruction élevé. Cette culture de leadership leur aurait permis de s'imposer au sein de leurs partis. Or ce sont des exigences de qualités que ne rempliraient pas les femmes.

Problèmes de renouvellement des instances dirigeantes

Le non-respect des principes démocratiques est perceptible lorsqu'on examine la fréquence et la périodicité des renouvellements de la direction de leurs structures. La plupart des groupements féminins et des ONG ont des difficultés à renouveler leurs instances dirigeantes. Les raisons invoquées sont le plus souvent des problèmes de leadership et une dépendance à une dirigeante dont le départ entraînerait le déclin de l'organisation. Parfois, les renouvellements entraînent des querelles intestines qui peuvent engendrer l'implosion de l'association, voire des scissions.

Manque de solidarité féminine

Il y a une absence de « solidarité minimale entre femmes qui se trouvent sacrifiées sur l'autel de l'intégration personnelle à l'univers masculin », selon une ancienne secrétaire générale de l'Union de la jeunesse féminine libérale (1995-1998) du PDS à Ziguinchor. Ce manque de solidarité est utilisé par les hommes qui les « divisent pour régner », nous disent plusieurs interviewées. D'autres femmes rapportent les tiraillements et jalousies qui existent entre les femmes lorsque s'agit de distribuer les postes de décision. Ces rivalités les poussent à se dénigrer les unes les autres, facilitant ainsi leur instrumentalisation lors des mobilisations politiques, souligne une sénatrice du PDS.

Pour l'association des femmes de la Médina (AFEME) « il se pose des problèmes parce que certaines veulent porter le leadership, il n'y a pas de synergie, mais des tiraillements. C'est pourquoi on ne croit pas à la solidarité féminine». La responsable de la cellule Ziguinchor de la FAFS incrimine certaines femmes leaders politiques qui « cherchent plus l'intérêt de leur parti que celui de l'organisation des femmes ».

Manque/absence de synergie dans les actions entre les organisations de femmes

Certaines femmes ont souligné le faible degré de synergie d'actions entre les mouvements associatifs ainsi que des institutions pour la défense des intérêts féminins. Il faut souligner que l'un des plus puissants réseaux de femmes entrepreneures, dénommé RASEF, n'a pendant longtemps entretenu aucun lien stratégique avec les associations de femmes qui ont pour objectif la revendication politique et citoyenne. Or ces dernières sont obligées en leur sein de faire face à l'interpellation de plus en plus grande de certaines de leurs membres qui ne voient pas les effets immédiats de la promotion politique se traduire en retombées économiques. L'absence d'articulation de ces deux lieux d'expression de l'existence des femmes ne permet pas de trouver des solutions alternatives à leurs questionnements. Cette disparité des actions s'explique par le fait que chaque association dispose de ses propres objectifs et plan d'action qu'elle déroule sans concertation avec les autres organisations de même veine. Par ailleurs, elles veulent toutes se positionner et se rendre visibles dans l'espace public.

Absence de cohésion et de vision commune : cloisonnement et dichotomie entre instruites et non instruites, urbaines/rurales, mouvements féminins/féministes

Le mouvement social féminin, surtout celui féministe, apparaît en crise, dispersé, marqué par des tiraillements et des tensions (Bâ 2008). La fragmentation continue des associations de femmes a vu l'émergence de petits groupements sans envergure selon les enquêtées. A défaut de trouver de bons mécanismes de résolution des conflits internes, les organisations de femmes ont eu tendance à régler leurs différends en créant de nouveaux groupements qui, souvent, ne sont que le reflet des conflits et rivalités personnels entre les dirigeantes. Ces nouvelles créations sont surtout visibles avec l'arrivée d'une nouvelle formation politique au pouvoir qui les utilise pour élargir leur base nationale. Ces associations devaient suppléer le parti et étendre son influence dans le pays. Cette situation contribue à fragmenter les organisations féminines.

Les associations féminines apparaissent aussi divisées et marquées par une opposition mouvement féminin/mouvement féministe. Cette dualité entraîne un cloisonnement des organisations de femmes. La plupart ne se réclament plus du féminisme (Kane 2007-2008:117 et 143). Lors d'une interview, Maréma Touré estime qu'il « subsiste toujours un engagement féminin mais qui ne se définit pas comme féministe » (la Fondation Konrad Adenauer et le CESTI 2006:18), et elle l'explique par le fait que le mouvement féministe est considéré comme élitiste. Pour Katy Cissé, c'est un féminisme d'Etat associé au pouvoir socialiste de l'époque (1960-2000). Fatou Sarr (2007) observe la même dichotomie entre femmes intellectuelles et femmes non instruites dans le mouvement associatif féminin sénégalais. Cette dichotomie constitue les « deux visages » du féminisme (pour utiliser les termes de Touré, Barry et Diallo 2003) : l'un, de nature intellectuelle, composé de femmes instruites issues du monde urbain et l'autre, d'essence populaire, constitué par des femmes non scolarisées intervenant dans l'économie informelle ou le monde rural.

Pourtant, les personnes interviewées affirment que de par leurs principes, leurs valeurs, leurs engagements et leurs méthodes pour l'autonomisation des femmes, certaines organisations féminines pourraient être qualifiées de « féministes », même si elles ne revendiquent pas cette identité[28]. Même si, dans leurs revendications, elles remettent en cause le caractère patriarcal du pouvoir politique et de l'Etat qui réduit leurs droits et le contrôle des ressources par les hommes, les organisations ne se reconnaissent pas « féministes » lors de nos interviews.

Selon l'actuelle présidente de la FAFS, la non adoption de cette identité peut être liée à l'ancienne association du terme avec le féminisme radical des années 60, perçu comme un modèle importé de l'Occident. La responsable de l'AFEME de Dakar partage cette même conception et explique qu'elle « n'adhère pas au discours féministe pur et dur, car il est révolu ». Toujours selon elle, « les féministes copient trop sur le modèle occidental alors qu'on doit l'adapter à la réalité ». Le refus de cette étiquette s'expliquerait alors par la récupération et le contrôle exercé par quelques féministes sénégalaises « *conservatrices* » sur les combats à mener.

Pour la secrétaire générale d'Usoforal, l'agenda féministe, trop focalisé sur les questions de liberté sexuelle, serait en déconnexion avec celui de la grande majorité des associations qui luttent pour des problèmes de « survie, comme manger, se soigner, se former et avoir un travail décent[29]. Binta Sarr de l'Association pour la Promotion des Femmes Sénégalaises (APROFES), lors d'une interview réalisée par Olivier Bofond (2010:3), déplorait « ce faible niveau d'appropriation du féminisme, et … constate un « tassement » et différentes «ruptures du mouvement féminin ». Elle l'explique par des « ruptures générationnelles, selon le niveau d'éducation, selon les catégories sociales et la qualification professionnelle, entre le milieu urbain ou rural».

Pourtant, les Sénégalaises n'ont pas manqué de partager une conscience et une identité commune à plusieurs moments donnés de l'histoire (Fondation Konrad et Adenauer et CESTI 2006:25), mais cette distinction fait partie des difficultés à assoir un mouvement unifié autour de la question des femmes au Sénégal.

Diminution du militantisme et essoufflement des mouvements sociaux féminins

Les femmes interrogées ont constaté une diminution de l'action militante dans l'engagement féminin d'aujourd'hui. Ndèye Astou Sylla de la FEMNET explique cet essoufflement par l'absence de renouvellement de la classe féminine vieillissante et le manque de relève générationnelle. En effet, les jeunes qui représentent plus de 50 pour cent de la population sénégalaise sont cependant exclus du jeu politique. Les jeunes interrogés reconnaissent qu'on leur accorde peu de place dans les structures de décision dans les associations. Cette exclusion du processus démocratique et le peu d'opportunités d'accès aux postes de leadership ne favorisent pas le renouvellement des générations de dirigeantes d'associations. Pour Aminata Diaw, il faut s'interroger sur les conditions de construction de cette relève et de la transmission des luttes d'une génération à une autre. Pour elle, le plus important est la préservation de l'âme et la radicalité des revendications, et Diaw avance les explications suivantes :

> La génération qui a fait l'âge d'or du mouvement féminin a été formée, forma-tée dans un contexte où l'idéologie était présente. Les femmes qui s'activaient dans cet espace étaient formées dans les partis politiques, lorsqu'elles n'étaient pas dans des partis, elles ont vécu dans un contexte où le débat idéologique était important et il y avait une prise en charge des questions des femmes par cette génération. Aujourd'hui, les idéologies sont mortes, les partis politiques ne jouent plus leur rôle de formation et d'éducation ... Les associations n'ont pas développé des stratégies prenant en charge ce patrimoine de lutte. (Aminata Diaw, interview, le 25 mai 2012 par Ndèye Sokhna Guèye)

Palmiéri lie la faible audience des mouvements de femmes auprès des jeunes à l'utilisation de formes de protestation classiques. Les organisations de femmes n'auraient conscience de l'importance des TIC en tant que vecteurs d'inégalités mais aussi outils de communication essentiels pour une diffusion large et internationale devant favoriser la mobilisation (Palmieri 2009:44).

Pourtant, le « Caucus des femmes leaders » et le Conseil sénégalais des femmes (Cosef) souhaitent impulser au mouvement une nouvelle dynamique autour de la loi sur la parité qu'ils considèrent comme un « moment historique devant consacrer définitivement l'unité des femmes, par la prise de conscience d'une identité commune, quelle que soit leur appartenance », selon les signataires de la Déclaration[30] commune du 16 avril 2010 sur la loi portant la parité absolue dans les instances électives. Le COSEF va sur la même lancée en prévoyant, dans son nouveau projet, un appui au réseau des jeunes Sénégalaises pour les prendre en considération dans le processus de la parité et leur offrir un rôle de leadership dans les partis politiques.

Tableau 3 : Récapitulatif des forces et faiblesses

Facteurs	Positifs	Négatifs
	Forces	Faiblesses
	Qualité des ressources humaines	Capacités des ressources humaines
	• Sentiment d'appartenance attachement, enthousiasme • Entente entre les membres • Soutien amical et psychologique entre femmes • Entraide développée • Sororité • Solidarité • Engagement des femmes • Humanisme des femmes, caractérisé par les vertus du jom (sens de l'honneur), du kersa (maîtrise de soi), et de la teranga (hospitalité) • Légitimité de leur combat • Capacité de mobilisation • Connaissance et bonne maîtrise des cibles • Grande capacité organisationnelle • Important potentiel humain • Détermination et sens des responsabilités • Caractère apolitique • Prise de conscience des femmes qu'elles peuvent prendre part au développement du pays, qu'elles ont un rôle et un mot à dire • Indépendance des organisations de femmes les unes des autres • Force dissuasive • Capacité d'influence • Ecoute de la part des acteurs • Capacité de plaidoyer et de réseautage • Ancienneté du mouvement féminin au Sénégal	• Analphabétisme • Bas niveau d'instruction • Manque de formation • Différence de niveaux d'instruction entre les femmes • Différence linguistique • Manque de professionnalisme et de leadership • Difficultés d'accès au poste de décisions • Dysfonctionnements internes (querelles et coups bas, considération sociale inégale entre les membres des organisations, répartition inégale des tâches entre les membres de l'organisation, inégalité dans l'exécution des rôles et responsabilités des membres) • Aspirations différentes quant à la satisfaction des intérêts stratégiques des membres • Sous-représentation des jeunes et problème de relève générationnelle • Rapports gérontocratiques • Gestion nébuleuse des ressources financières pour certaines organisations • Manque de formation en gestion et étude de projet • Manque d'encadrement • Manque de conscience des priorités • Difficulté à recruter un personnel qualifié • Absence d'éducation citoyenne • Dépendance et oisiveté des femmes

Finances	**Insuffisance des finances**
• Autonomie à travers l'autofinance-ment • Transparence et honnêteté dans la gestion des projets et des fonds **Gestion démocratique du pouvoir** • Gestion collégiale du pouvoir • Une structure horizontale des rapports de pouvoir entre femmes	• Difficultés d'accès au crédit • Contraintes de recouvrement • Déficit budgétaire chronique • Courte durée des prêts • Faiblesse des prêts • Insuffisance du crédit • Insuffisance du financement • Manque de ressources financières • Manque de fonds de roulement • Insuffisance de fonds de commerce • Insuffisance des crédits alloués • Manque de bailleurs de fonds • Problèmes d'autonomie financière des organisations de femmes faute de budget de fonctionnement • Problèmes de gestion des finances • Non maîtrise des techniques de vente • Non maîtrise du fundraising et de la planification • Manque de vision prospective • Réinvestissement total des revenus générés dans le foyer • Taux d'intérêt élevé des prêts • Non remboursement des prêts par certains membres **Contraintes économiques** • Contraintes dans l'accès aux terres • Discriminations dans l'accès et dans le contrôle des ressources • Problème d'écoulement de la production • Manque de matériels agricoles • Manque d'appui aux activités économiques • Manque de projets productifs • Faibles revenus des femmes • Précarité des conditions de vie de certains membres • Prix élevé des matières premières

| | | • Faible productivité des facteurs de production
• Coût élevé des coûts de production
• Faible diversification de la production
• Non maîtrise de l'environnement des affaires par les organisations de femmes
• Insuffisance des infrastructures et équipements
• Faible développement des infrastructures liées aux activités économiques
• Problèmes de mobilité
• Insuffisance, voire absence de moyens de transport (pour faire le relais des activités de commune à commune, pour l'écoulement de la production…)
• Inexistence de siège social
• Manque d'espaces pour l'exploitation des activités
• Non renouvellement des équipements
• Difficulté d'écoulement des produits
• Manque de locaux destinés au stockage des produits à commercialiser
• Difficultés à construire et à équiper les locaux
• Cherté du loyer
• Manque d'infrastructure
• Manque de matériel de production et de magasin de stockage
• Manque de moyens de transport pour l'écoulement des produits
• Manque de partenaires financiers
• Défaillance du système de remboursement des crédits alloués aux femmes
• Pénalités de remboursement des micro-crédits qui touchent l'ensemble de l'organisation

Faiblesses institutionnelles

• Absence d'appui institutionnel
• Manque de suivi des initiatives
• Absence d'évaluation des activités
• Absence de cahier de gestion
• Déficit d'appui au développement institutionnel |

		• Faible développement institutionnel • Manque de professionnalisme • Caractère informel des associations • Faible représentativité dans les postes de décision • Manque d'autonomie des femmes • Manque d'encadrement • Problèmes de reconnaissance • Floraison des associations de femmes • Diversité des objectifs et des points de vue entre les organisations • Grande dispersion des organisations de base • Lourdeur de la stratification dans les fédérations • Le caractère non partisan des mouvements de femmes **Problèmes d'information et de communication** • Faible visibilité de leurs actions • Manque de communication • Manque d'information • Rétention de l'information • Non maîtrise des nouvelles technologies de l'information et communication • Visibilité limitée, surtout via l'internet • Faible réseautage • Absence de contacts entre la majorité des associations • Collaboration encore timide de certains acteurs judiciaires et extrajudiciaires (médecins, policiers, chefs religieux, magistrats et avocats) • Difficulté à mobiliser les femmes leaders d'opinion lors d'organisation de colloques dans les communautés rurales • Dispersion et manque de solidarité • Indisponibilité des femmes pour des réunions périodiques (prise souvent par la famille et les travaux ménagers)

		Faiblesses juridiques • Méconnaissance et non information des femmes de leurs droits • Non maîtrise des lois en faveur des femmes • Méconnaissance des procédures judiciaires • Peur du prétoire • Perpétuation des rapports de pouvoir • Querelles de leadership

Opportunités et menaces

Opportunités

Un environnement mondial favorable

Le global influe sur la vie des femmes et a des implications sur l'intégration du principe d'égalité au niveau mondial pour une société équitable. Le développement des mouvements associatifs au Sénégal a coïncidé avec un environnement mondial favorable avec les conférences de l'année 1975, déclarée année internationale de la femme, avec la décennie de la femme décrétée par les Nations Unies (1976-1985) et avec la promulgation de la Convention pour la lutte contre toutes les formes de discrimination à l'égard des femmes (CEDAW) en 1979. Les différents sommets mondiaux ont servi de cadres exceptionnels de combat des femmes pour leurs droits. La conférence de Beijing a profondément marqué les organisations féminines au Sénégal et impulsé le combat pour les droits des femmes, nous a raconté la ministre de la Femme de l'époque. Ce contexte est également caractérisé par de nouvelles approches de la question des femmes, « intégration des femmes au développement » (IFD), « genre et développement » (GED), qui va servir de cadre théorique pour le mouvement féminin sénégalais afin de pousser l'Etat à améliorer la condition des femmes.

Au niveau régional, l'Union Africaine (UA) a lancé la Campagne de l'unité africaine pour lutter contre les violences faites aux femmes. Elle s'est dotée d'instruments qui promeuvent l'égalité de genre, comme le protocole additionnel à la Charte africaine des droits de l'Homme et des peuples relatif aux droits des femmes en Afrique, la Déclaration solennelle sur l'égalité entre les sexes et la politique de l'Union Africaine sur le genre et le Fonds africain pour la femme.

La participation de certaines organisations de femmes aux grandes conférences régionales sur des thèmes les concernant, comme celles tenues à Nouakchott (Mauritanie) en 1977, à Lusaka (Zambie) en 1979, à Arusha (Tanzanie) en1984, à Abuja, en République fédérale du Nigeria en 1989, leur a permis de prendre conscience du caractère transnational de leur combat. La troisième conférence régionale africaine, organisée à Arusha en 1984, a favorisé la création d'une commission spéciale de femmes africaines qui est devenue le Réseau des Femmes africaines pour le Développement et la Communication (FEMNET). Son rôle était de coordonner la participation des ONGs lors des conférences régionales (Sarr *et al.* 2010:41). Ainsi, la plate-forme d'action africaine, adoptée lors de la cinquième conférence régionale des femmes en Afrique, tenue en 1994 à Dakar, a influencé le Plan d'Action de Beijing, notamment la question des filles, de la sécurité alimentaire ou de la culture, nous rappelle Fatou Sow lors de son interview.

Plus récemment, des Forums Féministes Africains (FFA) ont été organisés sur le continent. Le premier FFA s'est tenu du 15 au 19 novembre 2006 à Accra et le deuxième a eu lieu du 17 au 21 septembre 2008 à Kampala en Ouganda, et celui de 2010 a été organisé à Dakar. La participation au Forum de Dakar était assujettie aux critères suivants : l'auto-identification au féminisme et la volonté de signer la « Charte des Principes Féministes pour les Féministes Africaines ». De ce fait, ce sont surtout des individualités et quelques associations qui ont profité de ces foras.

Certaines organisations participent régulièrement à la marche mondiale des femmes ou au Forum Social Mondial (FSM). L'organisation en mars 2011 du FSM à Dakar a permis à certaines organisations de femmes, comme la Plateforme pour la paix de Casamance et l'APROFES, d'avoir une visibilité mondiale et de décliner leurs doléances. Ce fut un moment de nouer des alliances avec d'autres organisations comme celles des paysans ou de défense de l'environnement.

Au total, ce sont des dizaines d'associations de femmes qui ont été conviées à ces conférences internationales ou régionales. Cette participation leur a permis de faire entendre la voix des Africaines, mais également, de favoriser leur apprentissage du plaidoyer et le renforcement de leurs capacités.

Aide internationale au développement

Seule une minorité d'organisations de femmes reconnaît avoir des relations formelles avec des bailleurs de fond extérieurs. Les organisations de femmes citent les partenaires venant du Nord, essentiellement l'Europe occidentale, les

Etats-Unis ou le Canada qui leur octroient des financements pour l'installation de leurs structures, leur fonctionnement et la réalisation de projets bien déterminés. Ce sont des institutions internationales, des agences nationales de développement, l'Etat à travers ses ministères et départements, des partis politiques, des ambassades, de certaines fondations privées ou des ONG. La coopération internationale finance des formations, des stages, des ateliers, des conférences ou des séminaires.

Le développement des agences de développement dans les années 90 au plus fort de la crise a permis aux organisations de bénéficier de l'aide publique. Les partenaires les plus cités par les associations de femmes sont l'USAID, le Plan International, L'UNICEF, l'UNIFEM (actuel ONUFEMMES), l'ACDI, la Banque Mondiale, le Programme des Nations Unies pour le Développement (PNUD), l'Union Européenne (UE) et la Coopération française. Les Fondations et ONG internationales citées sont la Fondation Friedrich Ebert, la Fondation FORD, OSIWA, OXFAM GB, OXFAM AMERICA, Family Health International, Global Fund For WOMEN, etc.

Intégration des femmes dans les politiques publiques et vote de lois en leur faveur

Les entretiens avec les femmes laissent penser que le Sénégal a accompli des progrès significatifs en ratifiant la plupart de ces conventions, résolutions et recommandations destinées à améliorer la condition des femmes. La plupart des actions du gouvernement sénégalais s'inspirent des stratégies définies par la Décennie des Nations Unies pour la Femme à Mexico (1975), à Copenhague (1980), à Nairobi (1985) et enfin à Beijing (1995).

Pour corriger les effets néfastes des programmes d'ajustements structurels, le programme « Dimensions sociales de l'ajustement » (DSA) a été mis en place. L'Etat sénégalais va instituer, à partir de l'année 1997, un Programme Elargi de Lutte contre la Pauvreté (PELCP), validé en Document de Stratégie pour la Croissance et la Réduction de la Pauvreté (DSRP2 2006) qui reconnaît la femme comme actrice de développement et accorde un intérêt particulier à sa promotion. Celle-ci passe par l'amélioration de son statut juridique, par l'octroi de crédit et de ressources foncières pour qu'elles puissent réaliser des activités génératrices de revenu. Le programme prévoyait également « le relèvement du niveau d'instruction par la scolarisation des jeunes filles, l'alphabétisation fonctionnelle et la participation aux prises de décision ». Des programmes sont axés sur la promotion des droits et le renforcement du pouvoir des femmes sénégalaises qui a duré de 1997 à 2001 (ACDI 1997 ; MFEF 1996 ; MFASSN 1999).

Ce « gender mainstreaming » est une approche transversale du genre dans toute action communautaire, régionale et nationale de développement. C'est aussi la définition d'initiatives spécifiques en faveur des femmes pour éliminer les inégalités structurelles persistantes. C'est surtout la Direction de la Famille qui a ensuite pris en charge la question genre. Cette direction comprend des divisions, le Comité Consultatif National de la Femme et les points focaux. A cet égard, la division Promotion du statut de la femme est « chargée d'œuvrer à l'égalité de droit, de chance et de traitement entre les hommes et les femmes. Elle doit en outre favoriser une participation effective et de qualité des femmes au développement économique et social ». Le Comité Consultatif National de la Femme, quant à lui, est un cadre de concertation entre le ministère et les organisations de femmes évoluant au niveau national ou local.

Par ailleurs, le ministère chargé de la Femme initie, en 2004, une Stratégie Nationale d'Equité et d'Egalité de Genre (SNEEG) qui abrite un projet Genre. A cela s'ajoute l'ensemble des programmes en faveur de la promotion des femmes mis en place en collaboration avec les bailleurs de fonds, mais aussi grâce aux initiatives de la société civile. Il s'agit notamment du Programme de Développement des Ressources Humaines/Composante Femme (PDRH), financé par la Banque Mondiale et du Projet d'Appui aux Groupements de Promotion Féminine (PAGPF) soutenu par la Banque Africaine de Développement (BAD) et le Fonds Nordique de Développement (Ngaïde et Cissé 2007:16-17). Le programme d'allègement des travaux des femmes et du Projet de « Renforcement des capacités du Ministère de la Famille, du Développement Social et de la Solidarité Nationale vise à intégrer l'équité de genre dans les programmes de développement ». Il fait partie intégrante du Sous-programme « Stratégies en matière de Population et Développement » (SPD).

Le gouvernement a également affiché une volonté d'application effective de la CEDEF qu'il a ratifiée en mai 2001 (MFSN 2003) ainsi que des recommandations, issues du Protocole additionnel à la Charte africaine des droits de l'homme et des peuples relatif aux droits de la femme, ratifiée le 10 décembre 2004. Les stratégies de l'Etat tiennent compte de la vision du Nouveau Partenariat pour le Développement de l'Afrique (NPDA/NEPAD) et des objectifs du millénaire pour le développement (OMD). Trois axes prioritaires vont être définis :

> (i) doubler le revenu par tête d'ici à 2015 dans le cadre d'une croissance forte, équilibrée et mieux répartie ; (ii) généraliser l'accès aux services sociaux essentiels en accélérant la mise en place des infrastructures de base pour renforcer le capital humain avant 2010 (iii) éradiquer toutes les formes d'exclusion au sein de la Nation et instaurer l'égalité des sexes dans les niveaux d'enseignement primaire et secondaire d'ici à 2015.

D'autres femmes interviewées ont fait remarquer que l'Etat, sous la présidence d'Abdoulaye Wade, a révisé certaines dispositions juridiques en leur faveur. Pour étayer leurs propos, elles ont cité la nouvelle Constitution (adoptée le 7 janvier 2001) et les différents codes en vigueur : Code de la famille, Code du travail, Code de la sécurité sociale, Code foncier, Code général des Impôts, Code de la Nationalité et Code de l'Environnement. Ainsi, certains des articles clés de la Constitution précisent « l'homme et la femme », tout en prenant en considération les discriminations à l'égard des femmes. Des mesures de protection sont prises contre les violences faites aux femmes, notamment avec l'interdiction des mutilations génitales féminines, pénalisées depuis février 1999. L'article 7 de la nouvelle Constitution stipule que « tout individu a droit à la vie, à la liberté, à la sécurité, au libre développement de sa personnalité, à l'intégrité corporelle, notamment à la protection contre toutes les mutilations physiques ». L'article 8 reconnaît aux femmes les droits civils, politiques, sociaux et culturels. Ces droits sont confortés par l'article 17 où « l'État garantit aux familles en général et en particulier à celles vivant en milieu rural, notamment aux femmes, le droit à l'allégement de leurs conditions de vie et l'accès à la santé et au bien-être ». En matière d'éducation qui est déjà un droit reconnu, le nouvel art. 22 précise que « tous les enfants, garçons et filles, en tous lieux du territoire national ont le droit d'accéder à l'école ». Par ailleurs, le code civil de la famille présente des dispositions favorables qui assurent la protection contre le mariage forcé ou précoce, le divorce arbitraire, l'équité dans l'héritage pour les veuves, l'abandon conjugal, l'obligation du conjoint d'entretenir la famille.

Menaces

Les pesanteurs socioculturelles et religieuses

La majorité des femmes interrogées affirment que la faible représentativité des femmes dans les instances de décisions au Sénégal relève des croyances socioculturelles et religieuses. Les femmes continuent de subir la résistance des structures patriarcales ainsi que la forte prégnance des stéréotypes sexistes. Ces contraintes d'ordre culturel et social font qu'il est difficile pour les femmes sénégalaises d'avoir un rôle actif au sein des partis politiques.

Dans la société sénégalaise, le pouvoir décisionnel est détenu par les hommes. La femme est reléguée depuis toujours au second plan et doit soumission à l'homme. Or ce dernier est conscient de sa domination. Cette perception de la femme dont les capacités sont sous-estimées à des répercussions, d'une part, sur leurs prises de décisions et, d'autre part, sur leur droit à la parole. Pour la chargée de la formation politique à l'AFP (Alliance des Forces du Progrès) à

Ziguinchor, l'origine en est une « mauvaise interprétation de la religion sur le rôle des femmes » où la femme doit également soumission à l'homme. La majorité des femmes consultées avouent être obligées d'avoir l'approbation de leur conjoint pour toute prise de décision et d'avoir leur aval pour entamer toute activité. Ces pesanteurs socioculturelles font que les hommes appréhendent les candidatures féminines comme une intrusion dans un espace masculin.

Pour la sénatrice et secrétaire général de la section de Yeumbeul, « les femmes sont confrontées aux tâches socialement dévolues par la société ». Ainsi, elles ont des difficultés à assister aux réunions en raison des contraintes liées aux rôles domestiques traditionnels. Awa Fall, ancienne ministre et présidente du mouvement des femmes de AJ/PADS, incrimine également la nature de l'éducation que reçoivent les filles et qui les prépare comme futures femmes et mères. Selon elle, cette éducation met l'accent sur la soumission et l'effacement, des valeurs qui ne favorisent pas leur entrée dans l'arène politique.

Ces pratiques culturelles et religieuses, en plus des coutumes, renforcent la passivité des femmes et limitent leur ambition dans la recherche d'une place convenable sur les listes électorales des partis. Par ailleurs, les mariages forcés, les mutilations génitales des filles continuent d'être pratiqués dans certaines régions du pays (le nord et certaines parties au sud du Sénégal). Les violences conjugales sont toujours socialement tolérées ainsi que la répudiation des femmes.

Insuffisance des politiques publiques

Les femmes interviewées reconnaissent la volonté manifeste de l'Etat sénégalais de défendre les droits des femmes et d'accepter l'importance de l'analyse des rapports sociaux de sexe pour comprendre les sociétés. Cependant, elles ajoutent que l'examen des tendances progressives d'élaboration de lois et de structures législatives de lutte contre l'inégalité et la discrimination liées au sexe révèle que les politiques de promotion de la femme restent insuffisantes, notamment dans le domaine de la politique. Les décisions juridiques prises sont peu appliquées. Par exemple, la législation sur les violences conjugales ou le harcèlement est peu ambitieuse. Les dispositions juridiques concernant le congé de maternité restent limitées.

L'exemple le plus illustratif des difficultés d'application de la loi sur la parité est la mise en place de la récente Assemblée nationale (en juillet 2012) où le principe d'alternance homme/femme n'a pas été respecté lors de l'élection des vice-présidents et secrétaires élus qui constituent le bureau de la 12ᵉ législature. De même, lors de la nomination des membres du Conseil économique, une volonté politique de respect de la parité ne s'est pas sentie.

En fait, les instruments d'évaluation et de suivi de l'application du principe d'intégration du genre dans les instances de décision sont rarement mis en place. La présidente de la RAFAO constate, par ailleurs, que « contrairement à la presse, aux syndicats, aux magistrats, aux ONG des « Droits de l'Homme »… qui bénéficient de subventions et d'égards, le mouvement associatif féminin n'est associé à aucun événement national statuaire ou étatique … »

Les résultats de l'enquête ont montré que les initiatives les plus importantes en faveur des femmes ont été l'œuvre des organisations de la société civile et d'associations, en collaboration avec des partenaires nationaux ou internationaux.

Dépolitisation et professionnalisation des associations de femmes

La professionnalisation des organisations de femmes à travers l'utilisation de l'approche genre a été perçue comme une stratégie de dépolitisation et d'« ONGisation » des associations de femmes[31]. Les organisations utiliseraient ce concept pour capter des financements et cela aurait contribué à la division des femmes et à l'atténuation de la radicalité du mouvement féministe. Celui-ci aurait été influencé par les termes de la démocratie moderne qui privilégie la représentativité.

Certaines personnes interrogées déplorent ce caractère non partisan des mouvements de femmes qui peut constituer une faiblesse. Cette professionnalisation et dépolitisation des mouvements de femmes ne leur permettent pas de « recontextualiser leurs actions et de trouver les moyens de se projeter dans l'avenir » et il leur manque surtout « cette radicalité que le féminisme aurait pu leur insuffler », estime Aminata Diaw (2012). Mais pour Fatou Sarr (2007), c'est le contact avec l'ONU et les institutions internationales qui ont porté préjudice au développement du mouvement féminin, de par l'imposition de leur agenda et de par la réduction de leurs ambitions de changement social. Ces organisations seraient, par conséquent, devenues des experts en matière de développement, surtout avec l'institutionnalisation de l'approche genre. Cette intégration du genre aurait entraîné une ONGisation du mouvement associatif (pour utiliser les termes d'Islah Jad dans le cadre du mouvement de femmes arabes 2010:414-433). Leur seul souci serait la préservation des acquis au détriment de nouvelles revendications (Palmiéri 2009:4). La focalisation sur quelques individualités féminines starisées a contribué à la « délégitimisation des mouvements collectifs » de femmes (Palmieri 2009:44).

L'arraisonnement des femmes »[32] et l'instrumentalisation des organisations féminines par l'Etat et les partis politiques

Les entretiens avec les femmes montrent qu'elles reprochent aux hommes leur usage de la corruption et du patronage pour assoir leur pouvoir. Pour être écoutées, les femmes doivent être « *parrainées* » par les politiciens. Cette manipulation n'est pas un fait nouveau. En effet, la citoyenneté féminine a été pendant longtemps cantonnée « à la mise en scène, à la théâtralisation du pouvoir,.... [à une] «dynamique festive (fêtes de prestige ou fêtes fastueuses, xawaré) » (Diaw 1999). Les actions des femmes se résument en « des 'spectatrices' et des 'ouvreuses de ce théâtre' » (Sow 2007:10). Leur position est plus celle d'animatrices qu'actrices. A cela s'ajoute l'accaparement de la prise de parole en matière de droits des femmes par les épouses de chefs d'Etat qui « de fait, étouffent les luttes des organisations de femmes ou féministes » (Palmieri 2009:39-41).

Ce contrôle étatique est illustré par la création par le ministère de tutelle de groupements de promotion féminine qui leur sont favorables et qui bénéficient de leurs subventions. Fatou Sarr observe, par ailleurs, que

> l'arrivée au pouvoir [en 2000] de l'ancienne opposition, alliée dans un passé ré-
> cent à des membres de la société civile agissante, a placé cette dernière dans une
> situation inédite : le brouillage des repères. Ce paradoxe se traduit par le fait que
> malgré un contexte a priori favorable au renforcement des conquêtes des femmes,
> ces dernières semblent avoir perdu le réflexe de mobilisation et de l'interpellation
> spontanée qui a permis, entre 1995 et 2000, d'arracher au pouvoir des concessions
> importantes (Sarr *et al.* 2010:25).

Selon toujours Fatou Sarr, interrogée dans le cadre de l'étude de la Fondation Konrad et Adenauer et le CESTI (2006), l'instrumentalisation des organisations de femmes par les partis et par l'Etat a été un obstacle à une mobilisation collective sur les droits des femmes. Par ailleurs, ce sont surtout les questions de pauvreté qui constituent les préoccupations essentielles.

L'explication donnée par certaines enquêtées est qu'elles ont une autre conception et gestion du pouvoir. Etre une femme dans le champ politique se poserait différemment d'un sexe à l'autre sexe. Ce qui revient souvent des interviews, c'est l'instrumentalisation des femmes et leur non responsabilisation. Elles accusent certaines associations de soutenir le parti au pouvoir. Leur loyauté à l'égard du leadership masculin est reconnue. Dans la plupart des discours des femmes interrogées, cet appui aux membres masculins est considéré comme un devoir d'autant qu'elles ou leurs enfants pourraient en être récompensés. L'ADEFAP donne l'exemple de la gestion du grand prix du chef de l'Etat qui n'est décerné qu'aux organisations de femmes proches du pouvoir. Pour une responsable de FGPF de Ziguinchor, « chaque ministre a ses programmes qui ne renforcent guère les structures de femmes ».

La responsable de l'AFEME (Association des femmes de la Médina) pense qu'elles « sont utilisées à des fins politiques » et regrette le fonctionnement clientéliste des partis. Pour Mbeinda Ndiaye, responsable de l'antenne COSEF de Kaolack, elles sont juste « chargées de gérer les aspects folkloriques... » La chargée du COSEF à Ziguinchor renchérit en notant que « ce sont elles qui élisent les hommes, vu leur nombre ». D'autres estiment que les femmes ne sont là que pour mobiliser et élire des hommes alors qu'elles pourraient porter des responsabilités en « étant actrices, citoyennes et gardiennes des valeurs ».

Penda Mbow, présidente du mouvement citoyen, explique que « les femmes sont dans des partis où des hommes dominent, elles sont obligées de suivre le moule ». Binta Sarr de l'APROFES explique cette instrumentalisation des femmes par leur manque de leadership. Pour une conseillère municipale d'AJ/PADS et adjointe au maire de Kolda, c'est parce que « les femmes ont tendance à faire plus confiance aux hommes pour les postes de décisions ». Beaucoup de femmes interrogées se sont focalisées sur les difficultés que rencontrent les femmes députées, à cause des demandes conflictuelles faites à leur loyauté. Ce besoin de solidarité avec le parti d'affiliation les handicape énormément lors des prises de décision.

Revenant sur cette notion de loyauté, la sénatrice du PDS qualifie ces actes de « manque d'objectivité des femmes ». Selon elle, « la loyauté à telle personne et non à un programme politique crédible est très fréquente chez les femmes ». Ces dernières soutiennent leur leader qu'elles présentent comme leur « caamiñ ». Cette perception entraîne une « redevabilité envers cette personne qui a investi sur elle ». La responsable de la FAFS Ziguinchor accuse « les femmes d'être amorphes et de se laisser faire par les politiques qui cherchent toujours à les exploiter à chaque élection. Elles sont laissées après en rade par les autorités».

D'autres s'opposent à cette victimisation et cette perception passive du rôle politique des femmes. Selon elles, les femmes ne se contentent pas de subir les manipulations masculines en politique, leur discours va dans le sens d'une spécificité, d'une différence de vivre leur citoyenneté, comparée aux hommes politiques. Elles auraient une approche féminine du pouvoir et représenteraient un nouveau type de leadership féminin. Les femmes au pouvoir revendiquent leur différence. Pour Codou Bop, coordinatrice du Grefels, c'est faire un mauvais procès aux femmes en insistant sur leur instrumentalisation par les partis politiques. « Elles ont le droit en tant que citoyennes de porter un programme politique, cela ne veut pas dire qu'elles sont manipulées... ». Elle s'interroge, par ailleurs, sur les raisons pour lesquelles la question de l'éthique n'est appliquée qu'aux femmes et non pas aux hommes.

Baisse des financements de l'aide au développement

Depuis la récente crise économique mondiale, l'aide publique au développement ne cesse de baisser et ce sont les organisations de femmes qui sont les premières à en souffrir. Les partenaires internationaux financent de moins en moins les activités de développement des femmes. Par ailleurs, les partenaires financent essentiellement des programmes qui correspondent à leur agenda et qui n'épousent nécessairement pas celui de l'association de femmes.

Rôle des médias

Les médias participent à la reproduction des inégalités de genre dans la société par les messages qu'ils véhiculent. Ils offrent un discours sur les femmes qui les enferment dans un modèle unique de représentations, celles de leurs rôles d'épouse et de mère. Il y a ainsi un décalage entre les stéréotypes qui caractérisent l'image des femmes et la pluralité de leurs rôles qui englobent la famille, le social, le politique, le culturel et le religieux. Au contraire, leur idéal féminin est symbolisé par les célébrités de la musique ou de la mode et rarement les femmes interviennent dans le monde politique.

Les commentaires faits par ces médiums écrits et audiovisuels sur les candidatures féminines qui se sont présentées lors des dernières élections sont exemplaires pour illustrer leur stigmatisation des femmes. L'intérêt des journalistes porte le plus souvent sur le physique, l'habillement, les attitudes ou mœurs de ces candidates et très peu sur leur programme politique. De même, le traitement négatif qui est fait de la loi sur la parité lors de sa promulgation montre la menace que peut constituer les médias dans le détournement des objectifs et du sens à donner à cet instrument juridique en faveur des femmes.

Conflits armés et insécurité

Beaucoup de femmes enquêtées ont souligné l'insécurité comme une menace pour leur intégrité physique et physiologique. La prégnance de la crise en Casamance et la guerre qu'elle a entraînée ne jouent pas en faveur des organisations de femmes. Les fréquentes attaques des rebelles mettent celles-ci dans des conditions d'insécurité qui ne favorisent pas le développement d'activités génératrices de revenus et qui subissent des actes de violences. Les violences basées sur le genre sont également vécues dans les foyers, le milieu professionnel ou lors des manifestations publiques, et cela pose des questions de sécurité humaine qui n'est pas garantie aux femmes.

Limites de la politique de représentation

La focalisation du combat des organisations féminines sur une meilleure représentation politique des femmes n'aboutit pas nécessairement à un changement de la société. Cette conception est liée au sens donné à la démocratie moderne qui rime surtout avec la représentativité. Des personnes interrogées lors de l'enquête se demandent si l'augmentation numérique de la représentation des femmes en politique garantirait la prise en compte de leurs intérêts dans les décisions gouvernementales et dans les politiques publiques. En d'autres termes, pour Aminata Diaw, ancienne secrétaire générale du COSEF, « *une politique de représentation ne débouche pas nécessairement sur une politique de transformation* ».

Tableau 4 : Opportunités et menaces

Facteurs	Positifs	Négatifs
	Forces	**Faiblesses**
	Information et communication • Visibilité de plus en plus grande des actions des femmes **Opportunités financières** • Accès au crédit facilité possibilités de financement accordé aux femmes • Possibilités de coopération Nord-Sud • Partenaires financiers qui utilisent les organisations de femmes pour l'atteinte des objectifs du millénaire pour le développement • Diversité des projets et programmes offerts par les ONG locaux et internationaux, les fondations • Opportunités offertes par le commerce international	**Pesanteurs socio-religieuses** • Menace fondamentaliste • Manipulation et résistance des forces religieuses • Diabolisation de la loi sur la parité par les hommes • Perception négative des hommes sur les organisations de femmes • Pression de la société • Promiscuité des familles • Pratiques traditionnelles néfastes • Persistance des rapports de pouvoir inégalitaires • Stigmatisation de certaines catégories de femmes comme les travailleuses du sexe • Stéréotypes sexistes • Persistance des rapports de pouvoir inégalitaires

Echanges et réseautage
- Possibilités d'échanges et de rencontres entre femmes,
- Stages ou voyages d'études, séminaires, foire, exposition au plan nation et inter-africain, les réseaux de partenariat à travers les foires, car ils nous permettent d'avoir une visibilité au plan inter-africain
- Développement du mouvement associatif féminin au Sénégal et au plan régional et international
- Existence de réseaux de femmes puissantes qui peuvent faire le plaidoyer à leur direction
- Processus de réorganisation et de redynamisation du mouvement féministe global, surtout depuis la publication de la charte féministe et le forum féministe de Kampala et du forum de AWID 2008
- Organisation en 2010 du forum féministe de Dakar

Contexte international favorable avec les instruments internationaux tels que :
- la convention sur l'élimination de toutes les formes de discrimination à l'égard
- Des femmes (CEDEF), adoptée le 18 décembre 1979, entrée en vigueur le 3 septembre 1981
- La Déclaration et programme d'actions de Vienne, adoptée le 25 juin 1993. L'article 43 de cette Déclaration qui invite les gouvernements et les organi-

	-sations internationales et régionales - La conférence de Beijing de septembre 1995 - La Conférence des Nations Unies sur les femmes de mars 2005 à New York sur - L'évaluation du plan d'action de Beijing, 10 ans après. - Le protocole addition-nel à la charte africaine engage les gouvernants à garantir - La participation paritaire des femmes et des hommes dans la gouvernance. - Le protocole additionnel à la Charte africaine des droits de l'Homme et des peuples relatif aux droits des femmes en Afrique - La Déclaration solennelle sur l'égalité entre les sexes et la politique de l'Union Africaine sur le genre - Le Fonds africain pour la femme - Conscience de la nécessité d'une équité de genre par les Nations Unies et les Etats-partis - Création de l'ONU femmes - Parité prônée au sein de l'Union Africaine	

	- Prise en compte du genre dans les politiques du gouvernement et les stratégies de développement comme le Nouveau Partenariat pour le Développement de l'Afrique (NPDA/ NEPAD) et les objectifs du millénaire pour le développement (OMD). **Avantages institutionnels** - Ratification par le Sénégal de toutes ces conventions et textes internationaux relatifs aux promotions des droits des femmes - Possibilités offertes par la loi sur la parité avec l'application des droits politiques des femmes et leur participation aux affaires publiques - Comité consultatif de la femme - Prix du chef de l'Etat - Quinzaine de la femme - Création de l'observatoire national des droits de la femme - Décennie africaine pour la femme, allant de 2010 à 2020 - Création du ministère du Genre - Vote de la loi sur la parité - Création de l'observatoire de la parité	

4

Conclusion

En conclusion, il ressort de cette étude que les mobilisations féminines au Sénégal sont caractérisées par leur ancienneté, leur diversité et leur pluralité. Impulsées par des organisations de femmes, elles se sont déployées à des périodes bien précises et ont poursuivi des buts multiples. En fonction du contexte et des objets de leur engagement, ces mobilisations deviennent des mouvements sociaux dynamiques. Cependant, leur constitution est rarement spontanée et résulte généralement d'actions concertées. Le « mouvement social féminin » au Sénégal est le plus souvent impulsé par une collaboration ou une alliance de plusieurs organisations de femmes qui, malgré leur différence, s'associent pour mener des campagnes communes, comme par exemple la lutte contre les violences basées sur le genre.

Ces différents aspects pris en considération permettent de définir les mouvements sociaux féminins au Sénégal comme des alliances ponctuelles et sporadiques d'associations de femmes, de groupements féminins, de fédérations et des réseaux d'organisations de femmes qui se sont faites à des moments donnés pour défendre une cause commune, liée à la promotion de leurs droits à travers différentes actions collectives. Malgré la présence de quelques individualités qui se disent féministes, la majorité des organisations ne revendique pas le label « *féministe* » et ne propose pas explicitement « un projet de société alternatif » (pour utiliser les termes de Trat 2006:15), fondée sur une totale égalité.

Ces mobilisations féminines ne rentrent pas dans le schéma théorique des mouvements sociaux classiques observés en Europe occidentale. Elles diffèrent de celles-ci dans la mesure où l'identité de classe, si chère au marxisme, n'en est pas le facteur déclencheur déterminant et ne conditionne pas son succès. Le référentiel identitaire reste en premier lieu le genre féminin dont l'altérité est représentée par la marginalisation qu'il subit. Cette communauté d'identité est altérée par les rapports sociaux de sexe. De surcroît, des tensions liées aux différences d'appartenances sociales, générationnelles, ethniques, religieuses ou géographiques conditionnent les formes que prennent ces mouvements féminins. Les confrontations et les négociations avec l'Etat, la société, les pouvoirs religieux et politiques les rendent complexes et multidimensionnels.

L'étude montre aussi que la nature du militantisme féminin n'a pas beaucoup évolué et reste surtout associative. Elle diffère de l'engagement masculin qui se déploie surtout dans les partis politiques et les syndicats. Si cela s'explique en Europe par le fait que « l'univers des engagements associatifs ou « civiques » est plus ouvert aux femmes que celui des engagements politiques « traditionnels » (partis, syndicats) » (Bereni, Chauvin, Jaunait, Revillard, 2008, 157), au Sénégal, les femmes sont, en revanche, plus disposées à s'engager dans les associations du fait d'une longue tradition associative qui leur a apporté les compétences, les réseaux et le savoir-faire permettant aux générations suivantes de constituer des mouvements de défense de leurs droits. Cela a également forgé chez elles une grande capacité de mobilisation.

Les résultats de recherche nous apprennent que les objets des mobilisations collectives dépendent des intérêts stratégiques et pratiques à défendre ainsi que du profil des organisations qui en sont les catalyseurs et moteurs. Lorsqu'il s'agit d'intérêts pratiques, c'est un ou des groupements de femmes non hiérarchisés qui forment des réseaux informels et se mobilisent pour la satisfaction des besoins sanitaires et économiques. Lorsqu'il s'agit de besoins stratégiques, les fédérations, les réseaux et les organisations de femmes nouent des alliances entre elles pour effectuer des actions communes. Par exemple malgré leurs différences d'orientation, de priorités, de rythmes, les organisations se sont retrouvées en un seul mouvement pour demander la parité hommes/femmes.

L'étude fait également ressortir que la constitution des organisations de femmes en réseaux et en mouvements a été le plus souvent rendue possible grâce au soutien financier de la coopération internationale ou suite à une participation de leurs membres à une rencontre internationale. Malgré cette dépendance au financement extérieur, le mouvement social féminin sénégalais reste plus ou moins indépendant dans ses actions et son agenda.

Les questions considérées comme relevant du domaine du privé continuent d'échapper à l'agenda féminin sénégalais et le combat est rarement décliné en termes politiques, à part la parité. Ainsi, les questions de l'homosexualité et de la légalisation de l'avortement qui pèsent sur l'agenda du féminisme transnational mobilisent très peu les associations de femmes au Sénégal. Le devant de la scène a été occupé pendant longtemps par la dénonciation des violences basées sur le genre qui constituent l'une des mobilisations les plus importantes.

Cependant, les sources et objets de mobilisations ont évolué suite à la conjonction de plusieurs facteurs qui ont transformé la société sur les plans socioéconomique et politique. Certes, la crise socioéconomique a rendu prépondérantes les luttes contre la pauvreté, mais le développement du travail féminin et l'accroissement du nombre de femmes chef de famille ont poussé les organisations de femmes à se battre pour leurs besoins stratégiques. Ces intérêts riment avec la quête d'égalité et d'équité entre les hommes et les femmes et le renforcement de la présence féminine dans les instances de décisions. Les acquis du mouvement féministe transnational a rendu favorable l'éclosion de forces de contestations plus politiques et des réseaux ont émergé des rencontres internationales.

L'approche genre permet de montrer que les choix et les stratégies des femmes dans leurs actions collectives restent liés aux rôles et responsabilités qu'elles occupent dans la société. Les données recueillies au cours de notre étude nous permettent de confirmer l'hypothèse d'un modèle d'engagement déterminé par le genre. Il apparaît clairement que les combats masculins et féminins sénégalais se distinguent sur certains principes de base caractéristiques des rôles qui leur sont assignés. Ils se distinguent sur un ensemble de valeurs et de croyances dues à leur différence de socialisation. Ces particularités déteignent sur leurs styles de gestion. Comparées aux mouvements dominés par les hommes, les mobilisations féminines sont plus des mouvements de négociations que de confrontations.

Les moyens d'actions des mouvements de femmes diffèrent de ceux des hommes parce que les femmes utilisent le plus souvent des stratégies de contournement, alors que les hommes sont plus offensifs et violents dans leurs actions. Les actions collectives des femmes restent défensives et se traduisent généralement par des marches pacifiques, symbolisées par leur habillement en blanc, alors que les mouvements mixtes manifestent différemment et utilisent des méthodes plus offensives et violentes.

En dépit de tous ces handicaps, certains combats, dont le plus important en termes de changement est la loi sur la parité, ont trouvé des issues heureuses. Les organisations de femmes ont réussi à se positionner dans le discours politique global et sont devenues un poids social bien reconnu. Il est maintenant inconcevable au Sénégal de décliner un projet de développement sans tenir compte des femmes. Quels que soient ces succès non négligeables, certaines luttes, telles que la question de l'autorité parentale, sont restées inachevées. Elles se sont heurtées à des résistances liées à divers facteurs dont les plus prégnants sont les pesanteurs socioculturelles. De même, malgré les déclarations formelles d'égalité de traitement des hommes et des femmes dans les textes du pays et des avancées dans divers domaines, les inégalités persistent.

D'un point de vue interne, la volonté individuelle d'autonomie des organisations et le manque de synergie empêchent la constitution d'un mouvement social unitaire et durable. Le mouvement social consubstantiel dure le temps d'un combat et l'unité de pensée le temps de l'action collective. A cette fugacité d'alliances pour un engagement unique au service d'une cause s'oppose la multiplicité d'actions individuelles dans la longue durée, dominées par la lutte contre la pauvreté. Pour que les organisations continuent de marquer de leur empreinte le débat et impacter de manière significative la politique nationale, elles doivent continuer de rester une force dynamique, puissante et unie. L'exemple du mouvement pour la parité a montré qu'en faisant bloc, on peut exercer une pression suffisante pour transformer la société et occuper l'espace public durablement. L'enjeu est de continuer de peser sur le débat public et de préserver les acquis du mouvement. L'autre défi qui se pose aux organisations de femmes est celui de la transmission par rapport à la jeune génération. Il est important de réfléchir sur comment faire en sorte que « ce combat ne soit pas simplement un combat pour les actrices d'aujourd'hui qui l'ont porté, mais que ces dernières puissent transmettre ce combat aux générations qui, demain, vont avoir à être sur le terrain et à défendre ces mêmes droits » (Aminata Diaw, interview 2012).

Au terme de cette recherche, il apparaît que les dynamiques d'organisation, les tactiques, les stratégies, les discours et les revendications des femmes gagneraient à être plus offensifs pour lutter plus efficacement contre les mécanismes d'exclusion et de domination de leur sexe. La professionnalisation accrue des organisations de femmes a dépolitisé leurs stratégies et limité leurs actions. Par ailleurs, l'absence de proposition de projet commun de société dans leur agenda constitue la faiblesse politique des mobilisations féminines au Sénégal. L'une des recommandations fortes (déclinées ci-dessous) est la nécessité de « repolitiser » les mouvements sociaux de femmes. Dans cette perspective, le combat contre les violences faites aux femmes ne sera plus uniquement considéré comme une « question morale » ou une assistance à une personne en danger. Mais il s'agira aussi de lutter « pour l'autonomie des femmes et contester le contrôle exercé par les hommes sur le corps des femmes » (Trat 2006:155). Repolitiser le mouvement social féminin, c'est faire en sorte que les organisations de femmes soient des contre-pouvoirs puissants et des forces sociales dynamiques et incontournables dans la construction d'une société juste et équitable.

Recommandations pour le renforcement des capacités des organisations et mouvements sociaux de femmes

Sur la base des acquis, des forces et faiblesses identifiés, les recommandations pour le renforcement des capacités des organisations et mouvements de femmes ont été déclinées en stratégies de recherche et d'actions. Les propositions suivantes ont été faites par les différentes personnes interrogées pour l'établissement d'un plan d'actions en faveur des organisations de femmes. Ces recommandations précisent également les stratégies à mettre place par l'Etat et les décideurs en général pour une citoyenneté effective des femmes et arriver, à terme, à une égalité et une équité de genre.

Axe stratégique 1 : Développement de recherches supplémentaires sur les organisations/mouvements de femmes

- encourager de nouvelles recherches, destinées à documenter de manière approfondie les organisations de femmes. Il s'agira d'effectuer un recensement et un diagnostic des associations de femmes, présentes sur toute l'étendue du territoire. Cet inventaire permettra d'avoir un répertoire des organisations de femmes et une cartographie de leurs activités ;
- évaluer les organisations de femmes les plus importantes pour identifier leurs forces, leurs faiblesses, leurs réalisations et estimer leurs besoins ;
- évaluer le poids de chaque organisation de femme dans l'échiquier national.

Axe stratégique 2 : Renforcement des capacités des organisations de femmes

Mesures sur le plan de la formation

- éduquer les femmes, maintenir les filles à l'école, redonner une formation appropriée à celles qui ne peuvent réussir à l'école ;
- reprendre les programmes d'alphabétisation dans les régions ;
- Diversifier les programmes de formation et ne pas cantonner les femmes aux seules activités traditionnelles (teinture, couture, poterie,...) ;
- favoriser une formation à la technologie moderne qui réponde aux besoins des femmes ;
- organiser des stages de renforcement de capacités en gestion des ressources ;
- effectuer des séminaires de formation juridique pour informer les femmes de leurs droits et les familiariser avec les dispositions législatives en leur faveur ;
- renforcer les capacités institutionnelles des femmes par la formation à l'approche en droits humains, en responsabilité citoyenne et en bonne gouvernance. Cette formation doit permettre aux femmes d'avoir une meilleure connaissance des textes qui les régissent ;
- renforcer la formation des femmes en technique de communication et de négociation pour qu'elles gagnent en culture de leadership et parviennent à s'imposer de manière stratégique au sein des instances de décision ;
- développer l'estime de soi chez les femmes. Toutefois, ce renforcement des capacités en leadership ne suffit pas car il faudrait aussi briser le moule social dans lequel elles sont enfermées ;
- organiser des formations en approche genre pour une meilleure pratique des droits civiques non discriminatoires à l'égard des femmes ;
- Sensibiliser les femmes sur leur rôle au sein de la société et changer les mentalités.

Mesures sur le plan économique et financier

- créer des entreprises et des emplois pour diminuer le chômage des femmes ;
- diversifier les activités génératrices de revenus ;
- développer les capacités de production pour améliorer la compétitivité et la productivité des groupements de femmes ;

- accroitre les ressources financières des associations féminines en leur allouant un budget conséquent à travers les ministères de tutelle et les collectivités locales ;
- diversifier les sources de financements des organisations de femmes en nouant des partenariats avec des bailleurs de fond locaux ou internationaux ;
- mentorat des petites associations par les fédérations et les réseaux existants pour la captation de crédit ;
- alléger le système de crédit accordé aux groupements de femmes par des taux de remboursement faibles ;
- créer des coopératives de solidarité et lutter contre la précarité des femmes ;
- Intégrer des budgets sensibles au genre.

Mesures sur le plan institutionnel et de bonne gouvernance

- renforcer les capacités organisationnelles et institutionnelles des groupements de femmes ;
- assurer la bonne gouvernance dans les organisations par une gestion plus rationnelle et transparente des ressources allouées ;
- gérer de manière plus formelle les organisations de femmes en mettant en place des mécanismes d'évaluation et de suivi de leurs activités ;
- favoriser une culture du compte rendu avec des rapports d'activités soumis annuellement ;
- pousser les organisations de femmes à établir des plans stratégiques ;
- doter les associations de femmes d'équipements adaptés à leurs activités et les renforcer par des moyens logistiques adéquats ;
- favoriser l'accès des femmes aux nouvelles technologies ;
- moderniser la gestion des associations de femmes en leur créant un site web dynamique et fonctionnel, en concevant des logiciels adaptés à leurs activités et en les dotant d'équipements informatiques appropriés ;
- créer un service de gestion et de conservation des archives des associations ;
- favoriser la démocratie interne en assurant un meilleur fonctionnement des instances délibérantes (assemblée générale, conseil d'administration, bureau exécutif, etc.) ;
- encourager le renouvellement des postes pour éviter les pratiques de leadership à vie ;
- mettre en place des politiques d'encouragement, avec l'octroi des prix de reconnaissance aux associations qui se distinguent par leur excellence et

leur contribution au développement des femmes (par exemple le prix du chef de l'Etat) ;

- eviter l'instrumentalisation politique des organisations des femmes et leur proposer un accompagnement institutionnel transparent ;
- avoir une équité de traitement des différentes organisations de femmes et respecter leur autonomie ;
- revoir les pratiques de décentralisation pour offrir aux femmes plus de possibilités d'accès aux ressources (foncières surtout) ;
- mettre en place des relais de conseil et de suivi pour promouvoir les organisations de femmes.

Axe stratégique 3 : Renforcement juridique

- réviser les législations en identifiant les lacunes et adopter des lois appropriées en faveur des femmes ;
- harmoniser les lois locales en fonction des instruments régionaux et internationaux en faveur des femmes ;
- sécuriser les femmes en promulguant une législation plus sévère pour sanctionner et combattre la violence à leur égard ;
- supprimer les pratiques culturelles préjudiciables et discriminatoires en révisant le code de la famille et en l'adaptant aux réalités contemporaines ;
- veiller à une application effective de la loi qui introduit le principe de la parité dans les assemblées électives pour favoriser l'accès des femmes aux instances de décision et leur plus grande présence dans l'espace politique ;
- lutter pour le maintien de la loi sur la parité.

Axe stratégique 4 : Renforcement de l'information

- sensibiliser les médias pour une meilleure diffusion des images des femmes et de leurs revendications et pour un discours plus adapté et revalorisant sur la gent féminine ;
- changer « ces médias du vous », comme le dit Evelyne Sullerot (1964), ou du devoir pour arriver à des médias de droit qui défendent la cause des femmes et font comprendre le combat de celles-ci à la société ;
- participer à des débats politiques publics et constructifs pour arrêter la diabolisation de la loi sur la parité ;
- inciter des échanges participatifs et ouverts avec des journalistes professionnels ou des dirigeants de la société civile qui pourraient animer

les débats sur la question de la parité en utilisant la radio nationale, la presse, la télévision des médias privés comme publics pour une audience plus large, les radios communautaires pour atteindre les populations dans les zones les plus reculées du pays ;

- faire un plaidoyer et une sensibilisation auprès des partis politiques, des parlementaires pour qu'ils s'approprient la loi sur la parité et l'inclusion des intérêts des femmes dans leur agenda.

Axe stratégique 5 : Mise en œuvre de nouvelles formes de communication et de mobilisation

- mener une politique créative de mobilisation en développant de nouvelles formes d'occupation de l'espace public ;
- organiser des manifestations réunissant des dizaines de milliers de femmes et d'hommes pour dénoncer par exemple l'abandon par le gouvernement de la révision du code de la famille ;
- organiser des marches dans les grandes artères et distribution de documents et de flyers, à l'entrée des services administratifs, des établissements scolaires et universitaires, etc. ;
- organiser plus de sit-in de protestation à des moments déterminés, comme la journée du 8 mars, la quinzaine de la femme ou la journée de la femme africaine ;
- lancer de grandes campagnes de communication en impliquant les mass-médias, en utilisant les spots radiophoniques et télévisuels ;
- créer et multiplier des centres d'écoute, d'information et d'assistance juridique pour les femmes les plus démunies ;
- simplifier et vulgariser les textes relatifs à la protection des femmes ;
- diversifier des supports de campagnes de sensibilisation à l'égalité, à la lutte contre la violence, à la tolérance et à la promotion des droits des femmes ;
- mettre au profit des femmes les opportunités offertes par les nouvelles technologies de l'information et de la communication pour que les revendications du mouvement soient amplifiées et diffusées par les réseaux sociaux dans l'espace associatif ou dans l'espace virtuel (site web, forums en ligne, réseaux sociaux comme facebook ou twitter, etc.) ;
- développer des capacités de mobilisation au sein d'autres catégories sociales (dans le monde rural, auprès des femmes démunies et auprès des jeunes) ;
- élargir le plaidoyer auprès des populations les plus défavorisées et les plus exclues pour intégrer leurs voix ;

- intéresser et recruter de jeunes membres pour assurer la relève générationnelle et redynamiser les associations de femmes.

Axe stratégique 6 : Pacification des relations sociales et restauration de la paix dans les zones de conflit

- assurer une éducation à la culture de la paix aux filles et aux garçons ;
- établir un équilibre dans les relations entre les catégories sociales de la société sénégalaise pour éliminer toute domination de classes, de genres ou d'ethnies ;
- favoriser la solidarité entre les femmes en assurant leur présence et leur soutien lors des luttes ;
- soutenir institutionnellement les initiatives de paix des organisations féminines de base ;
- mettre en œuvre la Résolution 1325 du Conseil de Sécurité qui engage les Nations Unies et ses États membres à faire participer les femmes aux négociations et aux accords concernant le règlement des conflits et la consolidation de la paix ;
- mettre en place des programmes destinés à promouvoir la participation des femmes dans la médiation et la résolution des conflits de paix ainsi que dans les efforts de reconstruction et de démocratisation au sortir des conflits.

Axe stratégique 7 : Mise en réseau des organisations de femmes et consolidation des réseaux existants

- mettre en réseau les organisations de femmes qui militent pour les mêmes causes pour favoriser le dialogue entre ces différentes structures à travers des jumelages, des foras, des séminaires ou des causeries, etc. Le réseautage par filière permettra à ces associations à buts similaires de mutualiser leurs expériences ;
- créer un forum de discussion dans chaque région en invitant toutes les organisations de femmes pour éviter la marginalisation et l'exclusion de certaines d'entre elles. Cela réduira les rivalités et permettra d'éviter les clivages politiques et culturels ;
- créer des cadres de concertation qui intègrent toutes les organisations féminines de la région ouest-africaine pour un partage des connaissances et de pratiques innovantes ;
- réunir toutes les associations autour d'une structure nationale et former un bureau national dirigé par une femme leader influente pour une

mise en cohérence des revendications. Cela pourrait être une plateforme nationale pour développer une forte solidarité féminine et une synergie des actions ;

- fournir une tribune aux femmes de toutes générations et de divers horizons pour réfléchir et débattre de leurs problèmes communs par l'organisation régulière de conférences, de séminaires et d'ateliers méthodologiques en vue de renouveler les débats sur les droits des femmes. Cet effort constant permettra de développer les capacités des jeunes générations ;

- renforcer l'identité des réseaux existants, consolider leur solidarité et leur capacité à travailler dans la complémentarité ;

- nouer des alliances stratégiques et faire de telle sorte que l'agenda des femmes soit pris en compte et défendu par le plus grand nombre d'individus (surtout les religieux), d'organisations locales et internationales de façon à renforcer l'influence des mouvements sociaux de femmes au Sénégal.

Axe stratégique 8 : « Repolitisation du mouvement féminin[33] » pour une vision transformatrice de la société

- donner un caractère plus féministe aux revendications des organisations de femmes pour arriver à une citoyenneté fondée sur l'égalité des sexes ; ce trait féministe signifie avoir une vision transformatrice de la société qui est importante pour arriver au « *contrôle de l'historicité* » (tel qu'évoqué par Touraine dans les caractéristiques d'un mouvement social). En effet, selon Binta Sarr d'APROFES, pour construire ce mouvement féminin citoyen fort, « il est fondamental d'avoir une vision à long terme du processus de transformation sociale et une articulation cohérente des luttes pour tous les droits et d'arriver à une égalité de genre » (Belfond 2010).

- imprégner aussi la gouvernance du pays d'une idéologie féministe pour qu'elle apporte plus de justice entre les sexes et d'équité dans la société.

Notes

1. Les auteurs conçoivent le mouvement comme une mobilisation d'organisations de femmes (Palmieri 2009 ; Sow 2007 ; Sarr 2007 ; Bop 2004).
2. Leur participation à la grève des cheminots a été décrite par Sembène Ousmane comme un soutien à leurs conjoints et non pas comme des actrices (Sembène 1971 ; Sadio 2010 ; Guèye 2011).
3. L'exercice du pouvoir est compris dans le sens de Michel Foucault (1975) c'est-à-dire « *un mode d'action des uns sur les autres, mode d'action qui agirait sur les actions propres des individus. C'est là qu'intervient la domination. Le pouvoir est inséré dans des rapports interindividuels ou l'autorité et/ou la force interviennent* ».
4. Les femmes intervenaient pour la médiation dans l'élection des souverains ou la transmission par le lignage utérin (Diouf 1990 ; Barry 1985 ; Fall 1994 ; Kanji et Kamara 2000). Les réputations des Lingeer (mères, sœurs et tantes des souverains) des royaumes wolofs comme Yacine Boubou du Kayoor, Ngoné Latyr Diop du Baol, Njembët Mbodj et Ndaté Yalla du Waalo sont exemplaires dans ce sens. Ndaté Yalla du Waalo, par exemple, a exercé le pouvoir comme un véritable BRACK (nom donné au souverain du Royaume du Waalo) en s'appropriant tous les attributs (Ngom 2011).
5. Cette perspective a été déjà introduite dans les travaux de Danièle Kergoat, Françoise Imbert, Hélène Le Doaré et Danièle Senotier (1992) qui ont analysé les mouvements sociaux en France, notamment celui des infirmières entre 1988-1989, comme des mouvements sexués.
6. Traduction de la citation suivante de Melucci "Collective identity is an interactive, shared definition produced by several individuals (or groups at a more complex level)... that must be conceived as a process because it is constructed and negotiated by repeated activation of the relationships that link individuals (or groups) [to the movement].", Melluci, 1995 "The Process of Collective Identity," in Johnston and Klandermans, eds., *Social Movements and Culture*.
7. L'intersectionnalité est un paradigme récent, essentiellement développé dans les pays anglophones, qui qualifie un renouveau des approches théoriques et méthodologiques des « identités », de la « subjectivité » et de « l'expérience », des « possibilités d'action » et des « structures » d'inégalité sociale, qu'elles soient de race, de classe ou de sexe (Palmieri 2009:50).

8. Pour Danièle Kergoat, les rapports sociaux sont « consubstantiels : ils forment un nœud qui ne peut-être séquencé au niveau des pratiques sociales, sinon dans une perspective de sociologie analytique ; et ils sont coextensifs : en se déployant les rapports sociaux de classe, de genre, de race, se reproduisent et se coproduisent mutuellement. » (Kergoat 2009:112).

9. La Loi n° 68-08 du 26 mars 1968 déterminait déjà la liberté et le contrat d'associations.

10. La loi concerne les associations à but d'éducation populaire et sportive, à caractère culturel, communautaire, socioprofessionnel et de participation à l'effort de santé publique.

11. La question de la gouvernance a été étudiée à travers l'existence d'organes d'administration et de renouvellement des mandats.

12. Le gouvernement, par le biais de son ministère de la Femme, Famille et Développement, a financé plusieurs groupements féminins en partenariat avec différents bailleurs comme : Plan International, FDEA (Femmes, Développement, Entreprise en Afrique), ACA, CECI, UNIFEM, RADI, FAFS, ADFES, ADPES, ENDA PAP, le PAPF (projet alphabétisation priorité femme) et le PAPA.

13. Interview de Safiétou Diop du COFDEF (Collectif des femmes pour la Défense de l'enfant et de la famille), réalisé par Ibrahima Hann, en décembre 2011.

14. Les mouvements de femmes dans les partis politiques et dans les syndicats ne seront pas étudiés dans ce présent rapport.

15. Etaient considérés comme citoyens français les Sénégalais nés dans les quatre communes (Saint-Louis, Gorée, Dakar, Rufisque).

16. Lors de la célébration de la journée internationale de la femme, le 8 mars 2013 par le CODESRIA, les dernières survivantes de l'UFS, présentes à la projection du film de Diabou Bessane, consacré aux « mamans de l'indépendance », ont reconnu que leur revendication de la parité de l'époque ne correspondait à son sens actuel (c'est-à-dire la réclamation de 50-50 dans les instances de décisions politiques). Elles réclamaient surtout leurs droits au travail, à l'éducation de leurs enfants.

17. Interview de Fatou Sow réalisée par Ndèye Sokhna Guèye le 28 mai 2012.

18. Les propos ont été recueillis par Hawa Kane (2007-2008:108).

19. Interview de Habibatou Ndiaye réalisée le novembre 2011 par Ndèye Sokhna Guèye.

20. Les organisations membres du Comité sont l'ABACED : association des Bacheliers pour l'emploi et le Développement, ANAFA : association nationale pour l'alphabétisation et la formation des adultes, AFDEEA, ANHMS : association nationale des handicapés moteurs du Sénégal, APROFES : association pour la promotion de la femme sénégalaise, CAED-HU : centre africain pour l'éducation aux droits humains, COSEF : conseil sénégalais des femmes, GREF, GREFELS, GTAF : groupe technique pour l'alphabétisation fonction-nelle, JOC-F : jeunesse ouvrière chrétienne féminine, PENCUM 44 , PROFEMU : pro-gramme des femmes en milieu urbain, RADDHO : rencontre africaine pour la défense des droits de l'homme, RADI : Réseau africain pour le développement intégré, SOS Equilibre, WILDAF /FEDDAF : femmes, droit et développement en Afrique.

21. Le Circofs est composé à la fois de représentants des familles religieuses, d'individuels et du Collectif des Associations Islamiques du Sénégal (formés de 17 associations, dont les plus connues sont l'ONG JAMRA, CERID (le Centre d'Etudes et de Recherche Islam et développement), AEEMS (Association des Elèves et Etudiants Musulmans du Sénégal), le mouvement El Falah, *Jamaatou Ibadou Arrahman* (JIR)).

22. Le Collectif pour la défense de la laïcité et de l'unité nationale au Sénégal est constitué par les organisations suivantes : Union Nationale des Syndicats Autonomes du Sénégal (UNSAS), Confédération Nationale des Travailleurs du Sénégal (CNTS), Réseau Africain pour la Promotion de la Femme Travailleuse (RAFET), Union Démocratique des Enseignants (UDEN), Réseau Africain pour le Développement Intégré/ Centre d'Information Juridique (RADI/CIJ), Groupe de Recherche sur les Femmes et les Lois au Sénégal (GREFELS), Union Sénégalaise d'Entraide (USE), Coordination des Etudiants Catholiques du Sénégal, Institut des Droits de l'Homme et de la Paix (IDHP), Conseil Sénégalais des Femmes (COSEF), Présence Chrétienne, Rencontre Africaine pour les Droits de l'Homme (RADDHO), Union des Femmes Catholiques du Sénégal, Association Sénégalaise pour le Développement Equitable et Solidaire (ASDES), Association pour la Promotion de la Femme Sénégalaise (APROFES), Intersyndicale des Femmes de l'UCAD, Syndicat National des Travailleurs de la Poste (SNTP/POSTE), Réseau *Siggil Jigeen* (RSJ), Réseau Citoyenneté Démocratie et Droits Humains (RECIDDHUP), Collectif pour la Défense de la Famille (COFDEF), Réseau genre du CONGAD, Observatoire pour les Relations de Genre (ORGENS), Programme des Femmes en Milieu Urbain (PROFEMU), Association des Professionnelles Africaines de la Communication (APAC).

23. Terme utilisé par Marie Brossier (2004) pour définir les actions du Collectif pour la défense de la laïcité et de l'unité nationale au Sénégal.

24. Interview d'un responsable d'Usoforal en septembre 2011 par Cheikh Oumar Kanté.

25. Entretien avec Seynabou Male réalisé le 18 octobre 2010 par Ndèye Sokhna Guèye.

26. Le manifeste fut signé par les organisations suivantes : CONGAD, CRSFPC/Usoforal, AJAC Lukaal, AJAEDO, APAC, Kagamen Sénégal, Kabonkétoor, GRDR, FAFS, Enfance et Paix, WANEP Sénégal, Caritas Ziguinchor, Fédération des Associations Féminines du Sénégal, cellule de Ziguinchor, Africare.

27. Le site du « *Caucus des femmes leaders* » est le suivant : www.senparite-caucus.org

28. La même situation est observée ailleurs par l'AWID qui a mené une étude sur les mouvements sociaux de femmes (2008).

29. Interview de Seynabou Male réalisée par Ndèye Sokhna Guèye dans l'après-midi du 18 octobre 2012.

30. Les signataires de cette déclaration étaient « les personnalités, les représentantes des partis, organisations et institutions ci-dessus : la ministre Maïmouna Kane, la journaliste Arame Diop, PDS, PS, AFP, URD, PR, FSD/Bj, LDMMPT, Mouvement Tekki, AJ/PADS, UFPE, UJTL, UFE, UNSAS, CNTS, AJS, COFDEF, COSEF, CUDAFCS, FAFS, ORGENS, RAFAO, RASEF, Laboratoire Genre de l'IFAN-

CAD, Ministère de la Famille, Assemblée Nationale, Sénat, Conseil économique et social, Comité de veille (CVD/RDI), Espace Afrique, Mouvement de la Diaspora ».

31. Cette tendance a été déjà observée par Dominique Fougeyrolas-Schwebel dans son analyse des mouvements féministes (2009 : 108).

32. Terme emprunté à Nicole-Claude Mathieu (1985 et 1991).

33. Je m'approprie cette proposition de « Repolitisation du mouvement féminin », faite par Aminata Diaw lors de son interview.

34. Cette campagne a été lancée en 2008 par le secrétaire général des Nations Unies et prendra fin en 2015. Elle vise à sensibiliser et mobiliser la communauté internationale contre les violences faites aux femmes et aux filles.

35. http://www.un.org/fr/women/endviolence/

36. UNIFEM (2008) : Situation des violences basées sur le sexe au Sénégal : Régions de Dakar, Matam, Kolda, Tambacounda et Ziguinchor

37. http://daccess-dds-ny.un.org/doc/UNDOC/GEN/N10/470/42/PDF/N1047042. pdf ? OpenElement

38. Insee, enquête Cadre de vie et sécurité 2007 : Lorraine Tournyol du Clos, Institut national des hautes études de sécurité, Thomas Le Jeannic, division Conditions de vie des ménages, Insee.

39. L. Amowitz *et al.,* « Prevalence of war-related sexual violence and other human rights abuses among internally displaced persons in Sierra Leone », Journal of the American Medical Association 287, no. 4 (2002):513-21.

40. Gladys K. Mwangi ; Guyo W. Jaldesa (2009): An Assessment of Sexual and Gender Based Violence in Wajir district, North Eastern Kenya`Population Council.

41. ONU (2010) : Rapport du Secrétaire général : Intensification de l'action menée pour éliminer toutes les formes de violence à l'égard des femmes.

42. La 26ème Session de la Conférence des Chefs d'Etats et de Gouvernement de la CEDEAO, tenue à Dakar, a abouti à la création du Centre de la CEDEAO pour le Développement du Genre (CCGD). Ils entamaient ainsi une évolution vers l'équité et l'égalité de genre.

43. Ainsi, plusieurs loi ont été adoptées dont, entre autres, la loi n° 99-05 du 19 janvier 1999 portant modification de certaines dispositions du code pénal qui réprime l'excision, le harcèlement sexuel et les violences conjugales. Ceci vient compléter le Code Pénal qui punit en ces articles 294, 295, 296, 297, 299, 305 les violences physiques (les coups et blessures volontaires, l'excision, les meurtres, les assassinats). Les violences sexuelles telles que le viol, l'attentat à la pudeur, l'outrage public à la pudeur,), le proxénétisme, l'incitation à la débauche et le harcèlement sexuel sont réprimés avec les articles 302, 322, 320, 318, 321, 322, 323, 324, 319 bis de ce même Code pénal. Les atteintes portées à la famille comme l'abandon moral et matériel, l'abandon de famille, l'adultère, la bigamie sont punis par les articles 350,330, 329, 333, 300 du même Code. Il faut souligner ici que tout un débat se pose actuellement

sur la pénalisation ou non de certains actes qui constituent des violences faites aux femmes et aux filles selon certains traités internationaux comme le Protocole de la charte africaine des droits de l'homme et des peuples. Parmi les actes pénalisés et qui méritent réflexion, on peut citer l'avortement qui est souvent le fruit de grossesses non désirées au Sénégal et dont l'interdiction presque dans toutes les formes est une violation de l'article 14 du protocole cité ci-dessus. Parallèlement à cela, on peut citer le paradoxe du dispositif juridique sénégalais qui ne pénalise pas certains actes flagrants de violences faites aux femmes et filles comme le mariage forcé et l'inceste qui ne sont pas mentionnés comme tels dans le Code pénal sénégalais.

Références

Abdullah, H., 1995, "Wifeism: The Nigerian Women's Movement", in B. Amrita, edited by with the assistance of C. E. McGrory, *Women's Movements in Global perspective*, San Francisco, Oxford, Westview Press, pp. 209-225.

Adamson, N., Briskin, L. and Mcphail M., 1988, *Feminist Organizing for Change ; The Contemporary Women's Movement in Canada*, Toronto, Oxford University Press.

ANSD, 2010, *Situation Economique et Sociale du Sénégal Ed*, 2010, Dakar, Agence Nationale de la Statistique et de la Démographie (ANSD).

APS, 2011, *Sénégal: Casamance – Une pacifiste plaide la cause des veuves de maquisards*, Agence de Presse Sénégalaise (APS), 27 Mai 2011, document disponible en ligne à l'adresse suivante : www.aps.sn/

Armstrong, E. A. and Bernstein, M., 2008, « Culture, Power and Institutions: A Multi-Institutional Politics Approach to Social Movements », *Sociological Theory*, Vol. 26, No. 1, p. 74-99.

AWID, 2008, *Changer leur monde : les mouvements de femmes, concepts et pratiques*, Association pour les droits de la femme et le développement (AWID), p.38-40), document disponible à l'adresse suivante: http://www.awid.org/ (Consulté le 25 juillet 2011).

Bâ, A., 2000, « Droits humains et problématique genre au Sénégal : le cas de Doki Niasse », *Revue Sénégalaise de Sociologie*, nos 4/5, janvier 2000/1, pp. 439-459.

Bâ, C.O., Ndiaye, O. et Sonko, M.L., 2002, « Le mouvement paysan (1960-2000) », in Diop M.-C., (éd.), *La société sénégalaise entre le local et le global*, Paris, Karthala, pp. 257-284.

Bâ, S, 2008, « Le mouvement féminin au Sénégal : du combat social à la récupération politique », *Walfadjiri*, vendredi 6 juin, document disponible en ligne à l'adresse suivante : http://www.walf.sn/contributions/suite.php?rub=8&id_art=46955 (Consulté le 25 juillet 2011).

Basu, A., 1995, « Introduction », in B. Amrita, edited by with the assistance of C. E. McGrory, *Women's Movements in Global perspective*, San Francisco, Oxford, Westview Press, pp. 1-21.

Bathily, A., 1992, *Mai 68 à Dakar, ou la révolte universitaire et la démocratie*, Paris, Chaka.

Benford, Robert D., 1997, « An Insider Critique of the Social Movement Framing Perspective », *Sociological Inquiry*, Vol. 67, No 4, p. 409-430.

Beck, L., Charlick, B., Gomis, D. et Manga, G., décembre 2001, *Afrique de l'Ouest : renforcement de la société civile pour la prévention des conflits. Etude de cas sur la prévention des conflits et la consolidation de la paix : le conflit de la Casamance et le processus de paix (1982-2001)*, United States Agency for International Development (USAID), West Africa Regional Program (WARP), ARD, Inc., Burlington.

Belfond, O., 2010. *Interview de Binta Sarr : Donner la priorité à l'organisation populaire*, Extrait du CADTM, document disponible en ligne à l'adresse suivante : http://www.cadtm.org/Donner-la-priorite-a-l/

Bereni L., Chauvin S., Jaunait A., Revillard A., 2008, Introduction aux gender studies, Brussels, De Boeck.

Bianchini, P., 2002, « Le mouvement étudiant sénégalais. Un essai d'interprétation, in M.-C. » Diop, éd., *La société sénégalaise entre le local et le global*, Paris, Karthala, pp. 359-395.

Biaya ,T. K., 1999, *Les acteurs et médiations dans la résolution et la prévention des conflits en Afrique de l'Ouest*, Dakar, CODESRIA et l'Institut néerlandais des relations internationales, 137p.

Bop, C., 2004, « Le mouvement des femmes africaines et la participation à la vie citoyenne », *Labrys, Etudes féministes*, document disponible en ligne à l'adresse suivante : http://vsites. unb.br/ih/his/gefem/labrys5/textos/coudoufr.htm/ (Consulté le 25 juillet 2011).

Bop, C., 1995, « Les chefs de famille à Dakar », *Africa developpment*, vol. XX, n°4, p. 51.

Brais, N. et Frohn, W., 2002, « État local et mouvement des femmes à Québec : une étude de cas », Lien social et Politiques, n° 47, 2002, p. 55-66, document disponible en ligne à l'adresse suivante : http://id.erudit.org/iderudit/000342ar, (Consulté le 25 juillet 2011).

Camara, F.K., 2005, « La goutte d'eau qui fait déborder le vase. La décision du Conseil constitutionnel du 29 avril 2007 », *Walfadjri*, 4 mai.

Caucus des femmes leaders, 2010. *Déclaration commune des femmes des partis politiques, des syndicats, des associations de femmes et de la société civile sur la loi portant la parité absolue dans les instances électives*, 16 avril 2010, document disponible en ligne à l'adresse suivante : http://senparite-caucus.org/docs/Declaration.pdf

Chege, S., 1999, Les donateurs font appel aux ONG mais la coopération entre les gouvernements et les ONG reste essentielle, Afrique Relance, Nations Unies, volume 13, n°1. Disponible en ligne à l'adresse suivante : http://www.un.org/fr/africarenewal/vol13no1/ongfr.htm

Cissé, K., 2004, « La revendication politique et citoyenne comme réponse à la marginalisation des femmes dans le développement : le cas du Sénégal », CODESRIA, Assemblée générale, Kampala, 13P, document disponible en ligne à l'adresse suivante http://www. codesria.org/IMG/pdf/CISSE.pdf , (Consulté le 25 juillet 2011).

Cissé Wone, K., 2002, « Idéologie socialiste et féminisme d'Etat au Sénégal : de Senghor à Abdou Diouf », 10ᵉ Assemblée Générale du CODESRIA, Kampala/Ouganda.

Cissé Wone K., 2008, « *La revendication politique et citoyenne comme réponse à la marginalisation des femmes dans le développement : le cas du Sénégal* », Dakar, CODESRIA.

Coulibaly 2011, WILDAF-Sénégal « *L'état des lieux de la législation au Sénégal* », In, *Femina*, Trimestriel indépendant d'informations sur la situation des femmes/filles en Afrique.

Cruise O'brien, D. B., 2002a, *La construction de l'Etat au Sénégal*, Paris, Karthala.

Cruise O'brien, D. B., 2002b, « Le sens de l'Etat au Sénégal », in M. C. Dop, éd., *Le Sénégal contemporain*, Paris, Karthala.

Dahou, K., 2002, « Dispositif d'encadrement et débordements sociaux », in M. C. Diop, éd., *La société sénégalaise entre le local et le global*, Paris, Karthala, pp. 491-510.

Descarries, F. et Corbeil, C., 1997, « Égalité, solidarité et survie : les pratiques du mouvement des femmes au Québec », *Nouvelles pratiques sociales*, vol. 10, n° 1, 1997, p. 19-28, document disponible en ligne à l'adresse suivante : http://id.erudit.org/iderudit/301381ar

Diallo, K., 1996, Le syndicalisme dans l'enseignement public en AOF, 1903-1960, thèse de doctorat de troisième cycle, Dakar, Département d'Histoire, Université Cheikh Anta Diop de Dakar.

Diallo, K., 2002, « Le mouvement syndical. Crises et recompositions », in M. C. Diop, éd., *La société sénégalaise entre le local et le global*, Paris, Karthala, pp. 441-464.

Diatta, M. T., 2002, « Modification du Code de la famille : les experts pour un autre regard sur le projet », *Walfadjri*, Dakar, le 7 février.

Diaw, A., 2004, « Les femmes à l'épreuve du politique », in M. C. Diop, ed., *Gouverner le Sénégal : entre ajustement structurel et développement durable*, Paris, Karthala, pp. 229-245.

Dieng, S., 2003, « Réforme du code de la famille : Les femmes de Thiès rejettent le Code de Statut personnel », in *Walfadjri*, Dakar, le 25 avril.

Diop, B., 1992, « Les syndicats, l'État et les partis politiques », M. C. Diop, ed., Sénégal. Trajectoires d'un État, Dakar / Codesria, 1992, pp. 479-500.

Diop, E. M., Sall, Seydou, N., 2003, Penda Mbow sur le Code de la famille: « Wade n'avait pas d'autre solution », *Le Populaire*, Dakar, le 19 mai.

Diop, F., 2000/1, « Femmes et pouvoir : quel accès aux sphères de décision ? », *Revue Sénégalaise de Sociologie*, nᵒˢ 4/5, janvier, pp. 461-475.

Diop, B., 1998/9, « Le mouvement ONG en Afrique : rôle, responsabilité et perspective de développement », *Revue Sénégalaise de Sociologie*, n° 2/3, janvier, pp. 279-287.

Diop, B. B., Savane, V. et Niane, I. C., 1991, *Set-sétal : la seconde génération des barricades*, in Sud Ed. Collection Ruptures, Dakar.

Dorin, E., sous la direction, 2009 « Sexe race, classe, pour une épistémologie de la domination », traduit de l'anglas par Brigitte Marrec, *Actuel Marx*, Confrontation, Paris, PUF.

Dunezat, X., 2006, « Le traitement du genre dans l'analyse des mouvements sociaux : France/ États-Unis », *Cahiers du genre*, hors série, « féminisme, recompositions et mutations », coordonné par D. Fougeyrollas-Schewebel et E.Varikas, Paris, L'Harmattan, pp. 117-141.

Ellis, S. and van Kessel, I., 2009, "Introduction: African social movements or social movements in Africa", in S. Ellis and I.van Kessel, *Movers and Shakers, Social Movements in Africa,* Leiden and Boston, Brill, pp.1-16.

Ellis, S. and van Kessel I., 2009, *Movers and Shakers, Social Movements in Africa,* Leiden and Boston, Brill.

Falquet, J., 2007, « A qui appartiennent les femmes ? L' « arraisonnement des femmes » par les mouvements sociaux mixtes et leur possible autonomisation : une analyse féministe », in Colloque sur « *Classe, ethnicité, genre… : les mobilisations au piège de la fragmentation identitaire ?* », 8-9 mars 2007, (Version préliminaire, sujette à modification), MCF, CEDREF/CSPRP, Univ. Paris 7 Denis Diderot, document disponible en ligne à l'adresse suivante : http://www.crape.univ-rennes1.fr/documents/colloque_ethnicite/comm_FALQUET.pdf

Falquet, J., 2005, « Trois questions aux mouvements sociaux « progressistes ». Apports de la théorie féministe à l'analyse des mouvements sociaux », *Nouvelles Questions Féministes,* Vol. 24, n°3, pp. 18-35.

Fillieule, O., 2009, « De l'objet de la définition à la définition de l'objet. De quoi traite finalement la sociologie des mouvements sociaux ? », *Politique et Sociétés,* Vol. 28, No. 1, pp.15-36.

Fraisse, G., 2011. « *Le féminisme est une histoire* », Entretien réalisé le mardi 8 mars 2011 par Sylvie Duverger pour Nonfiction.fr, document disponible en ligne à l'adresse suivante : http://www.nonfiction.fr/fiche-perso-1103-sylvie_duverger.htm

Galerand, E., 2006, "Retour sur la genèse de la Marche mondiale des femmes (1995-2001). Rapports sociaux de sexe et contradictions entre femmes", *Cahiers du Genre,* n° 40, pp 163-182.

Guèye, O., 2011. *Sénégal : Histoire du mouvement syndical. La marche vers le Code du travail,* Dakar, L'Harmattan, 388 p.

Groupe des cinq (G5), 2001, Campagne citoyenne, rapport trimestriel, février, mars, avril 2001, Dakar, COSEF.

Groupe des cinq, 2003, Note de présentation du projet « campagne citoyenne », juillet, Dakar, COSEF, document disponible en ligne à l'adresse suivante : http://www.fes.de/fulltext/bueros/senegal/00709toc.htm

Guillaumin, C., 1992, *Sexe, race et pratique du pouvoir, L'idée de nature,* Paris, Côté-femmes.

Hoodfar, H., 2008, « Envers et contre tout : la construction d'un mouvement féministe en République Islamique d'Iran », in *Changer leur monde : les mouvements de femmes, concepts et pratiques*, publié par l'Association pour les droits de la femme et le développement (AWID), p.38-40, document disponible en ligne à l'adresse suivante : www.awid.org

Hubbard, D. and Solomon, C., 1995, "The Many Faces of Feminism in Namibia", in B. Amrita, ed., with the assistance of C. E. McGrory, *Women's Movements in Global perspective,* San Francisco, Oxford, Westview Press, pp. 163-186.

Jad, I., 2010, « L'ONGisation des mouvements de femmes arabes », in C. Verschuur, dir, « Genre, postcolonialisme et diversité des mouvements de femmes », *Cahiers genre et développement,* N° 7, Paris, L'Harmattan, pp. 414-433.

Journal Officiel de la République du Sénégal, *Loi n° 99-05 DU 29 janvier 1999 modifiant certaines dispositions du Code pénal,* Dakar.

Kergoat, D., Imbert, F., Le Doaré, H. et Sénotler, D., dir., 1992, *Les infirmières et leur Coordination,* 1988-1989, Paris, Éditions Lamarre, 192 p.

Konte, M. A., synthèse par, 2003, « Le réseau Siggil Jigeen à propos du nouveau code de la famille : des perspectives de conflit et d'intolérance », *Sud Quotidien,* Dakar, le 15 avril.

Kumar, R., 1995, "From Chipko to Sati: The contemporary Indian Women's movement". in B. Amrita, edited by with the assistance of C. E. McGrory, *Women's Movements in Global perspective,* San Francisco, Oxford, Westview Press, pp. 58-86.

Lacroix, JB. et Mbaye, S., 1976, « Le vote des femmes au Sénégal », *Revue Ethiopiques,* n°6, Dakar, avril 1976, p. 26-43.

Lama-Rewal, S. T., 2010, « Le mouvement des femmes en Inde : entre l'islam et l'Occident », in C. Verschuur, sous la direction, « Genre, postcolonialisme et diversité des mouvements de femmes », *Cahiers genre et développement,* N° 7, Paris, L'Harmattan, pp. 444-458.Mamdani, M., 1990, Les mouvements sociaux, les mutations sociales et la lutte pour la Démocratie en Afrique, *Bulletin du CODESRIA, 3.*

Mamdani, M. et Wamba-Dia-Wamba, E., 1997, Mouvements sociaux et démocratie en Afrique, in GEMDEV, *Les avatars de l'Etat en Afrique,* Paris, Karthala, pp.41-76.

Mané, M. P., 2011, « Marche pour la paix en Casamance : les quatre vérités des femmes aux hommes », *Walfadjri,* Samedi 15 Janvier 2011, document disponible en ligne à l'adresse suivante : http://www.xibar.net/Marche-pour-la-paix-en-Casamance-Les-quatre-verites-des-femmes-aux-hommes_a30104.html (consulté le 25 janvier 2011).

Manier, M., 2007, « Genre et identités ethniques : la construction de la figure sociale de la « femme musulmane » dans les associations d'insertion et les dispositifs d'intégration des populations issues de l'immigration », in colloque sur « *Classe, ethnicité, genre… : les mobilisations au piège de la fragmentation identitaire* », du 8-9 mars 2007, 15p.

Masson, D., 1999, « Repenser l'État. Nouvelles perspectives féministes », *Recherches féministes,* 12, 1, pp. 5-24.

Mathieu, N-C., 1985, « Quand céder n'est pas consentir. Des déterminants matériels et psychiques de la conscience dominée des femmes, et de quelques-unes de leurs interprétations en ethnologie », in N.-C. Mathieu., dir., *L'arraisonnement des femmes.*

Essais en anthropologie des sexes, Paris, Ed. de l'EHESS. (Réédité de Nicole-Claude Mathieu, 1991, L'Anatomie politique, Paris, Côté-femmes.)

Mathieu, N.-C., 1991, *L'anatomie politique, catégorisations et idéologies du sexe*, Paris, Côté-femmes.

Mbengue, M.S., 1964, « La grève tragique du Dakar Niger en Septembre 1938 », *Sénégal d'Aujourd'hui*, n° 6, mars, p. 24.

Mbow, P., 2010, « Contexte de la réforme du Code de la famille au Sénégal », Droit et cultures [En ligne], 59 | 2010-1, mis en ligne le 5 juillet 2010, document disponible en ligne à l'adresse suivante : http://droitcultures.revues.org/1963 (consulté le 24 janvier 2011).

Ministère de la Famille, de la Sécurité alimentaire, de l'Entreprenariat féminin, de la Micro-finance et de la Petite Enfance (MFSAEFMFPE), 2010, Historique de la quinzaine nationale de la femme, Dakar, MFSAEFMFPE, mai, 4p.

MOFEPAC, 1993, Rapport de mission en Casamance du 21 au 26 octobre 1993. Le Mouvement de Femmes pour la Paix en Casamance, MOFEPAC, Dakar.

Mohanty, C.T., 2003, "Under Western Eyes" Revisited: Feminist Solidarity through Anticapitalist Struggles", Signs, Vol. 28, No. 2 (Winter 2003), pp. 499-535, The University of Chicago Press, document disponible en ligne à l'adresse suivante : http://www.jstor.org/stable/10.1086/342914

Mohanty, C.T., 2009, « Sous le regard de l'Occident' : recherche féministe et discours colonial », in E. Dorin, sous la direction, *Sexe-race, classe, pour une épistémologie de la domination*, traduit de l'anglais par Brigitte Marrec, Actuel Marx, Confrontation, Paris, PUF, pp. 149-182.

Mohanty, C.T., 2010, « Sous les yeux de l'Occident » revisité : la solidarité féministe par les luttes capitalistes », in C. Verschuur, sous la direction, 'Genre, postcolonialisme et diversité des mouvements de femmes', *Cahiers genre et développement*, N° 7, Paris, l'Harmattan, pp. 205-214.

Naciri, R., 2006. *Le mouvement des femmes au Maroc*, GT2-6 149 25/01/06, p149-167.

Ndiaye, A, 2009, « FAFS – Fédération des Associations de Femmes Sénégalaises. Interview d'Abibatou Ndiaye réalisée en juillet 2009 », *Courants de femmes*, femmes et initiatives locales de développement, 02 novembre 2009, document disponible en ligne à l'adresse suivante : http://courantsdefemmes.free.fr/Assoces/Senegal/FAFS/fafs_senegal.html, (consulté le 5 décembre 2010).

Ndiaye, A. I., 1990, Syndicalisme et ajustement structurel : évolution des rapports État-syndicats sous l'effet des mutations économico-politiques au Sénégal, UCAD, FLSH, mémoire de DEA d'Anthropologie, 72 p.

Ndour, B., 1981, Éléments d'études sur le mouvement ouvrier dans les chemins de fer du Sénégal (1882-1938), Paris, Université de Paris VII, 67 p. (Diplôme d' Etudes Approfondies).

Ndour, B., 1990, « De l'histoire des cheminots du Sénégal (1890-1948) », *Pratiques Sociales et Travail en milieu urbain*, n° 12, pp. 9-18.

Ngom, C., 2011, Les femmes de pouvoir au Waalo précolonial de 1795 à 1855, mémoire de maîtrise, Université Cheikh Anta Diop de Dakar, Département d'Histoire.

Niang, A., 2000, « Les associations en milieu urbain dakarois : classification et capacités développantes », *Africa Development*, Vol. XXV, Nos. 1 &2, 2000.

Niang, A. et Bâ, A., 1998/9, « Le mouvement associatif féminin : une société civile en acte », *Revue Sénégalaise de Sociologie*, n°s 2/3, janvier, pp. 295-317.

Niang, A., 1998/9, « La société civile : une réalité en question », *Revue Sénégalaise de Sociologie*, Nos 2/3, pp. 33-82.

Oduol, W. and Wanjiku Mukabi, K., 1995, "The Mother of Warriors and Her Daughters: The Women' Movement in Kenya", in B. Amrita, edited with the assistance of C. E. McGrory, *Women's Movements in Global perspective*, San Francisco, Oxford, Westview Press, pp. 187-208.

ONU-FEMMES, 2012, La situation de violences faites aux femmes : le mode de réponse et soutien aux survivantes dans les régions de Dakar, Diourbel, Fatick, Kaffrine, Kaolack, Louga, Saint-Louis et Thiès, Dakar, Rapport final rédigé par C. I. Niang, N. Diop, M. L. Diop, S. Sow, M. A. Guèye et M. N. Sène, Bureau Régional de l'Afrique de l'Ouest, étude réalisée en collaboration avec S.A.H.A.R.A.,document disponible en ligne à l'adresse suivante : http://unwomenwestafrica.blog.com/files/2012/04/ RAPPORT-FINAL-ONUFEMME-10-Avril2.pdf (consulté le 12 janvier 2013).

Oyèwùmi, O. 1997, *The Invention of Women. Making an African Sense of Western Discourses*, Minneapolis, University of Minnesota Press.

Palmieri, J., 2009, « Mouvements de femmes en Afrique : de l'institutionnalisation à la démocratie directe : les exemples du Sénégal et de l'Afrique du Sud », in Actes du colloque international sur « *Genre et gouvernance* », (Île Maurice), 17-19 novembre 2009, Numéro dirigé par Claude Féral et Alain Geoffroy, Alizés, Revue Angliciste de La Réunion, pp. 37-56, document disponible en ligne à l'adresse suivante : http:// laboratoires.univ-reunion.fr/oracle/documents/26.html

Pambazuka News, 2010, Sénégal : Ziguinchor, le 17 décembre 2009, soumis le 02/09/2010, document disponible en ligne à l'adresse suivante : http://www.pambazuka.org/fr/ category/features/61403, (Consulté le 26 novembre 2010).

PNUD, 2011, Durabilité et Équité : un Meilleur Avenir pour Tous. Rapport sur le développement humain, Programme des Nations Unies pour le développement, New York, UN Plaza, document disponible en ligne à l'adresse suivante : http://hdr.undp. org/en/media/HDR_2011_FR_Complete.pdf

Riembau, F., 1988, De Dakar au Niger. La question du chemin de fer et la mise en valeur des territoires de la Sénégambie et du Niger, Dr challamel diteur Paris, 123 p.

Sadio, M. L., 2010, Les femmes salariées et les organisations syndicales au Sénégal de 1960 à la fin des années 1980, mémoire de maîtrise, Université Cheikh Anta Diop de Dakar, Département d'Histoire.

Sagna, O., 1986, Les pionniers méconnus de l'indépendance : Africains, Antillais et luttes anti-colonialistes dans la France de l'entre-deux-guerres (1919-1939), thèse de doctorat, Paris VII, 2 vol. 937 p.

Sarr, M. Y., 2004, Vie associative féminine et circulation des biens dans les cérémonies familiales à la Médina de Dakar (Sénégal), Mémoire de DEA de Sociologie, UCAD, Dakar, FLSH.

Sembène, O., 1960, *Les bouts de bois de Dieu*, Paris, Plon.

Sène, M., 1987, La grève des cheminots du Dakar-Niger 1947-1948, mémoire de maîtrise, Dakar, Université de Dakar, 144 p.

Senghor, L. S., 1961, *Nation et voie africaine du socialisme*, Paris, Présence Africaine.

Sow A.D., 1994-1995, L'évolution des femmes dans la vie politique sénégalaise, de 1945 à nos jours, mémoire de maîtrise, Dakar, Département d'Histoire, Université Cheikh Anta Diop de Dakar.

Sow, F., 2006, « *Les femmes, le sexe de l'État et les enjeux du politique : l'exemple de la régionalisation au Sénégal* », Clio, numéro 6/1997, « Femmes d'Afrique ».

Sow, F., 2007a, « Politiques néolibérales et alternatives féministes : l'apport des mouvements de femmes en Afrique », Laboratoire SEDET – CNRS –Paris : Université Diderot, in Actes du colloque du GTM, « *Le genre au cœur de la mondialisation* », 21-23 mars 2007, Paris, document disponible en ligne à l'adresse suivante : www.gtm.cnrs-bellevue.fr/sitegtm/Cl/Mond/2007/Sow.pdf.

Sow, F., 2007b, « L'appropriation des études sur le genre en Afrique subsaharienne », in sous T. Locoh en collaboration avec K. Nguesan et P. Makinwa-Adebusoye, sous la direction de, *Genre et sociétés en Afrique, implications pour le développement*, Paris, Institut National d'Etudes démographiques, pp. 45-68.

Sow, F., 2005, « Mobilisation des femmes en Afrique de l'Ouest », in *Gender Equality. Striving for Justice in an Unequal World*, Geneva, UNRISD.

Sow Sidibé, A. 2003, « L'évolution de l'autorité dans les familles sénégalaises », *Afrique Juridique et politique*, Libreville, revue du Cerdip, volume 2, n° 2, janvier-juin.

Thiam, I. D., 1993, *Les origines du mouvement syndical africain*, 1790-1929, Dakar, Editions L'Harmattan, 287 p.

Thiam, l. D., 1983, *L'évolution politique et syndicale du Sénégal colonial de 1840 à 1936*, Université de Paris I Sorbonne, thèse de doctorat d'État d'Histoire, 9 tomes.

Thiam, I. D., 1972, La grève des cheminots du Sénégal de septembre 1938, Dakar, Université de Dakar, 2 vol., 272 p. + 133 p.

Tilly C., 2004, « Social Movements as Politics », in C. Tilly, *Social Movements* 1768-2004, Boulder, Paradigm Publishers, p. 1-15.

Touré, M., 1997, Femme, genre et développement en Afrique subsaharienne : théories et pratiques, thèse de doctorat, Université de Paris I, Panthéon-Sorbonne, Bordeaux.

Touré M., 2010, « La recherche sur le genre en Afrique : quelques aspects épistémologiques, théoriques et culturels », in F. Sow et N. S. Guèye, sous la direction, *Genre et dynamiques socioéconomiques et politiques en Afrique*, Dakar, CODESRIA, pp.105-126.

Touré, M., 2010, « La parité cherche à faire de la moitié des citoyens des décideurs dans l'espace public », Interview d'Aliou Kandé, *Le Soleil,* 15 juin 2010.

Traoré, P. K., 2009, « Sénégal : les femmes musulmanes s'unissent contre les violences faites aux femmes », *Walfadjri,* 02/20/2009.

Trat, J., 2000, Mouvements sociaux, in H. Hirata, F. Laborie, H. Le Doaré et D. Senotier, sous la direction, *Dictionnaire critique du féminisme,* Paris, PUF.

Trat, J., 2010, « Mouvements sociaux », in C. Verschuur, sous la direction, « Genre, postcolonialisme et diversité des mouvements de femmes », *Cahiers genre et développement,* N° 7, Paris, l'Harmattan, pp. 111-128.

Trat, J., 2006, « La responsable féministe, la « mauvaise tête » dans les organisations mixtes », Note de recherche, *Cahiers du genre,* hors série, « Féminisme, recompositions et mutations », coordonné par D. Fougeyrollas-Schewebel et E. Varikas, Paris, L'Harmattan, pp. 143-158.

Zhang, N. and W. Xu, 1995, "Discovering the Positive within the Negative: the Women's Movement in a Changing China", in B. Amrita, edited with the assistance of C. E. McGrory, *Women's Movements in Global perspective,* San Francisco, Oxford, Westview Press, pp. 25-57.

ANNEXES

Annexe 1 : Guides d'entretien

Organisation de femmes

Date :
N° Fiche :
Ville :   Arrondissement :
Département :
Région :   Quartier :
Enquêteur :   Informateur :
Traducteur :

I. Fiche d'identification

(Demandez si possible des documents ou une fiche de présentation de la structure)

1.   Nom (et/ou sigle) :
2.   Adresse :
3.   Téléphone :
4.   Fax :
5.   E-mails :
6.   Site web :
7.   Date de création :
8.   L'organisation a-t-elle un récépissé ?
9.   Nom du ou de la responsable (Secrétaire exécutif ou Présidente) :
10. Objectifs :
11. Nombre de membres :
12. Nom des anciennes responsables :

13. Organisation
    a. Bureau exécutif :
    b. Assemblée générale :
    c. Autres citez :
14. Domaines d'intervention :
15. Zones d'intervention et groupes ciblés :
16. Activités/Réalisations en faveur des femmes :
17. Projets en faveur des femmes :

II. Relations entre organisations de femmes, individus, Etat et mouvements ?
Citez vos partenaires

- Nationaux
- Régionaux
- Internationaux

1. Citez les réseaux de femmes auxquels vous appartenez ?
2. Quels sont les rapports entre les organisations de femmes et les femmes en général ? Les femmes se reconnaissent-elles en elles ? Selon la réponse, donnez les raisons :
3. Quelles sont vos relations avec les organisations dirigées par les hommes ?
4. Quelles sont les initiatives menées par l'Etat pour promouvoir les organisations de femmes ? Citez-les et précisez leurs avantages, leurs insuffisances ou leurs lacunes.
5. Quelles sont les relations entre les organisations de femmes et les mouvements sociaux internationaux, (exemples : le mouvement féministe transnational ou le forum social mondial) ?

III. Forces, faiblesses, obstacles, défis et enjeux des organisations de femmes

1. Quels sont les forces/atouts des organisations de femmes ?
2. Quelles sont les opportunités qui s'offrent aux organisations de femmes (sur le plan local, national, régional et international) ?
3. Quelles sont les faiblesses des organisations de femmes ?
4. Quels sont les menaces et les obstacles (politiques, socioculturels, économiques, etc.) auxquels doivent faire face les organisations de femmes ? Et comment y répondent-elles ?
5. Quels sont les défis et enjeux auxquels doivent faire face les organisations (environnement local et mondial) ?

IV. Importance des organisations de femmes en termes de forces de changements sociaux

1. Les organisations de femmes contribuent-elles à changer la situation des femmes et de la société en général ? si oui à quels niveaux ?

2. Si la réponse est négative : donnez les raisons qui empêchent les organisations de femmes d'être porteuses de changement.

V. Organisations de femmes et constitution de mouvement social féminin

1. Comment définissez-vous le mouvement social féminin ?

2. Comment définissez-vous le mouvement féministe ?

3. Existe-t-il un mouvement social de femmes au Sénégal ? Si oui, citez des exemples de mouvements sociaux féminins au Sénégal en précisant les noms, les dates et les lieux de déploiement de chaque mouvement, leur nature, les actrices /acteurs, les ressources dont ils disposent, les objets de mobilisation et leurs méthodes d'actions ?

4. Quelles sont les forces de ces mouvements ?

5. Quelles sont les faiblesses de ces mouvements ?

6. S'il n'existe pas de mouvement social féminin au Sénégal, donnez-en les raisons ?

7. Quelles sont les relations entretenues entre les organisations de femmes et les autres mouvements sociaux internationaux, (exemple : le mouvement féministe transnational ou le forum social mondial) ?

VI. Recommandations

1. Quels sont les éléments d'une approche de renforcement des organisations de femmes ?

2. Quelles sont les stratégies à mettre en place pour faire des organisations de femmes des forces de changement de la société ?

3. Comment parvenir à mobiliser toutes les femmes autour de revendications collectives ? Quelles questions peuvent susciter un élan unitaire chez les femmes ? Est-ce, par exemple, l'application de la loi sur la parité récemment promulguée ? Citez des revendications des femmes plus urgentes à satisfaire, si vous en connaissez d'autres :

4. Quelles sont les bonnes pratiques pour avoir un mouvement social féminin uni et fort au Sénégal ?

Individuel

Date :   N° Fiche :
Quartier :   Ville :
Arrondissement :   Département :
Région :
Enquêteur :   Informateur :
Traducteur :

I. Fiche d'identification

1.   **Sexe**   **Féminin**   **Masculin**

2.   **Adresses**

Téléphones :
Fax :
E-mails :
Site web :

3.   **Statut matrimonial**

Célibataire
Marié(e)
Divorcé(e)
Veuf (ve)

4.   **Age**

5.   **Appartenance religieuse**

Religion musulmane...............appartenance confrérique
Religion chrétienne (précisez la confession).........................
Religion du terroir (précisez laquelle).............

6.   **Niveau d'instruction/Formation**

Néant
Elémentaire/Moyen..............
Secondaire.........

Supérieur...........
Ecole coranique/arabe................................
Formations reçues (citez-les)...

7.   Situation professionnelle

Néant.................................
En activité ....
En chômage........................
Etudiant(e)   ....
Femme/homme au foyer................

8.   Selon la réponse donnée, citer vos fonctions ou professions :

Profession actuelle :
Autres Fonctions (précisez) :

9.   Situation professionnelle des parents et ou du tuteur (rice)

Profession du père.................
Profession de la mère............
Profession du ou de la tuteur (rice).................

10.   Appartenance à une organisation/association de femmes et/ou à un parti politique

Nom de l'organisation ou association de femmes à laquelle vous appartenez
Autres appartenances associatives (citez)...............
Postes occupés dans l'organisation ou association (actuel et antérieurs) :
Nom de votre parti politique actuel d'appartenance...............
Appartenances politiques antérieures (citez)......
Postes occupés dans le parti (actuel et antérieurs) :.........
Nom de votre syndicat d'appartenance (pour les travailleurs)......
Postes occupés dans le syndicat (actuel et antérieurs) :................

11.   Les raisons de votre engagement pour la cause des femmes :

II. Relations entre organisations de femmes et individus

1. Appartenez-vous à des réseaux ? Si oui, citez-les et donnez les raisons de cet engagement.

2. Si vous n'appartenez pas à des réseaux de femmes, donnez les raisons de ce non engagement.

3. Vous reconnaissez-vous dans le combat des organisations de femmes ?

III. Importance des organisations de femmes en termes de forces de changements sociaux

1. Les organisations de femmes contribuent-elles à changer la situation des femmes et de la société en général ? si oui, à quels niveaux ?

2. Si la réponse est négative : donnez les raisons qui empêchent les organisations de femmes d'être porteuses de changement :

IV. Organisations de femmes et constitution de mouvement social féminin

1. Comment définissez-vous le mouvement social féminin ?

2. Comment définissez-vous le mouvement féministe ?

3. Existe-t-il un mouvement social de femmes au Sénégal ? Si oui, citez des exemples de mouvements sociaux féminins au Sénégal en précisant les noms, les dates et les lieux de déploiement de chaque mouvement, leur nature, les actrices /acteurs, les ressources dont ils disposent, les objets de mobilisation et leurs méthodes d'actions.

4. Quelles sont les forces de ces mouvements ?

5. Quelles sont les faiblesses de ces mouvements ?

6. Quels sont les impacts de ces mouvements sur la situation des femmes et sur la société sénégalaise en général (surtout en termes de relations entre les hommes et les femmes) ?

7. Si vous estimez qu'il n'existe pas de mouvement social féminin au Sénégal, donnez-en les raisons :

8. Vous réclamez-vous du mouvement féministe ou appartenez-vous au mouvement féministe ? Quelle que soit la réponse, donnez-en les raisons :

V. Recommandations

1. Quelles sont les stratégies à mettre en place pour que les jeunes femmes s'investissent davantage dans les mouvements sociaux?

2. Comment parvenir à mobiliser toutes les femmes autour de revendications collectives ? Quelles questions peuvent susciter un élan unitaire chez les femmes ? Est-ce, par exemple, l'application de la loi sur la parité récemment promulguée ? Citez des revendications des femmes plus urgentes à satisfaire, si vous en connaissez d'autres :

3. Quelles sont les bonnes pratiques pour avoir un mouvement social féminin uni et fort au Sénégal ?

Annexe 2 : Synthèse des études sur « Mouvements sociaux des femmes » en Gambie, en Guinée-Bissau et au Sénégal

Par Marèma Touré Thiam et Awa Ndiaye

Définition, problématique, orientations

Ces études qui ont eu lieu en Gambie, en Guinée-Bissau et au Sénégal s'inscrivent toutes dans la perspective épistémologique d'une contribution à la compréhension du mouvement féminin et féministe dans ces différents pays, afin d'arriver à des énoncés prescriptifs dans l'optique d'augmenter leur capacité potentielle à orienter les transformations sociales positives.

En effet, dans ces pays dont la pauvreté est souvent profonde et endémique, on constate, aussi bien historiquement que dans la séquence actuelle, le développement d'organisations féminines multiformes (regroupement de femmes pour des causes diverses) et de mouvements féministes (actions collectives et organisées de femmes) œuvrant pour l'éradication de toutes formes de discrimination à l'égard des femmes. Ces mouvements visent ainsi à promouvoir un environnement favorable à l'émergence de l'égalité politique, économique, culturelle et sociale entre les hommes et les femmes.

Ces études s'interrogent sur les mouvements sociaux de femmes, en termes d'historicité, de « poids », de participation au développement et à la vie publique, voire d'implication à la lutte contre la pauvreté de ces différents pays. Au total, elles questionnent le type d'engagement qu'ils sont censés incarner et leur véritable potentiel à garantir et à élargir les acquis.

A l'entame des études, qui, en sus de l'objectif d'analyser les atouts, les faiblesses, les opportunités et les menaces qui caractérisent le mouvement féminin et de proposer des solutions pertinentes, visaient aussi à promouvoir le dialogue entre les différents protagonistes que sont les décideurs publics, les Organisations de la Société Civile (OSC) et la communauté des chercheurs, un atelier méthodologique a été tenu avec la présence des chercheurs principaux, venus des trois pays, le comité scientifique et les principaux acteurs, afin de fortifier la base méthodologique commune. Dans leur conduite effective, les équipes de recherches et études ont chacune adopté leur propre interprétation de la méthodologie commune ; elles ont, chacune, opté en fonction de leur propre contexte, pour privilégier certains éléments du cadre conceptuel et du cadre méthodologique, pour davantage comprendre le mouvement social féminin.

Les résultats des études de cas se déclinent en termes de réponses aux importantes questions qui structurent globalement la problématique : quels constats, quels produits et à quels changements sociaux fondamentaux ces mouvements ont-ils permis de promouvoir ? Dans une perspective de véritable prise en charge du développement socioéconomique de ces différents pays : quelles sont leurs limites intrinsèques et quelles recommandations fortes pour leur « perfectibilité » ?

Univers des études

L'objectif général de ces études est donc d'évaluer la situation actuelle des mouvements et organisations de femmes, d'analyser leurs rôles et portées dans les changements sociaux qui traversent ces différents pays.

A cet effet, le contexte global de ces 3 pays est particulièrement marqué par le poids démographique des femmes, la situation d'extrême pauvreté et la féminisation de ce phénomène. En effet, si la Gambie est dans une pauvreté profonde et endémique, la Guinée-Bissau, un des pays les plus pauvres du monde, n'échappe pas à la règle avec 64,7 pour cent de la population vivant dans une pauvreté extrême.

Le Sénégal, quant à lui, est au 155e rang mondial en considérant l'indice de développement humain (PNUD 2011), avec 53 pour cent des ménages vivant en dessous du seuil de pauvreté. Au Sénégal, la gent féminine représente 52 pour cent de la population et en Gambie 51 pour cent. Au Sénégal, 58 pour cent des pauvres sont des femmes tandis qu'en Gambie, si l'on considère que le secteur agricole cristallise la plus forte propension à la pauvreté en Afrique, il importe de noter que 65,5 pour cent de ceux qui y évoluent sont des femmes. Dans cette morosité économique partagée, les populations, notamment les femmes, comptent essentiellement sur le secteur informel, avec la création d'activités génératrices de revenus, pour espérer s'en sortir.

Dans cette optique, les associations de femmes, comme par exemple les mbotaay au Sénégal, embryons des futurs mouvements de femmes, sont les principaux répondants pour des femmes désemparées, comme stratégies de survie et pour garder l'espoir de sortir de la pauvreté.

En termes d'analyse théorique, les mouvements sociaux de femmes sont d'abord et avant tout des constructions sociales qui, à partir de notions de sororité, d'idéologie, de solidarité, d'aide mutuelle et de défense des droits des femmes, sont nés dans les quartiers et villages de ces trois pays. L'exemple du « mbotaay » au Sénégal, celui de la « mère de groupe » en Gambie dont les critères de choix étaient l'honnêteté, les capacités de mobilisation et de communication, montrent, si besoin en était, cette genèse construite à partir d'une certaine proximité.

Les mouvements sociaux ont joué aussi des rôles capitaux dans la période coloniale, en termes de contestation de l'ordre colonial et aussi coutumier et traditionnel qui voulait profiter de cette situation de non-droit des femmes, en termes de revendication de l'indépendance soit du royaume, soit du pays.

Il en est ainsi au Sénégal du suicide collectif de Nder, de la Linguère Ndatté Yalla, d'Aline Sitoé Diatta. Il en est également ainsi en Guinée-Bissau, avec un rattachement fort du mouvement féminin aux premières heures de la lutte pour l'indépendance nationale, et encore en Gambie où la forte désapprobation, par les femmes, de l'autorité coloniale est une source intrinsèque de la naissance des premiers mouvements de revendication des femmes gambiennes. C'est aussi pourquoi, au tout début, l'action des mouvements de femmes est reconnue et légitimée par son implication au niveau national.

D'un point de vue méthodologique, les trois études sont traversées par cette nécessité d'une acception commune des termes utilisés. Ainsi, si le mouvement renvoie à une action collective concertée pour un but, un objectif ou un résultat, la notion de femme se démarque d'une homogénéisation pour s'intéresser à la réalité matérielle, historiquement spécifique, le mouvement social féminin renvoie à une volonté explicite d'autonomie des femmes et non à leur affiliation partisane. Les femmes sont objets et acteurs dudit mouvement.

En d'autres termes, les études de cas ont surtout mis en avant ce long processus d'autonomisation des femmes qui les implique davantage dans la gouvernance locale, nationale et la mise en œuvre de programmes communautaires.

Comme tout travail scientifique, ces études ont été tout d'abord fondées sur la recherche documentaire, avant d'en renforcer la teneur, l'orientation et le contenu par la collecte de données primaires, à travers notamment des enquêtes de terrain, des entretiens collectifs et individuels, l'observation directe ou d'autres outils de recherche qualitative.

Résultats des études

Ces précautions conceptuelle et méthodologique ont permis d'enregistrer des résultats fort importants sur les mouvements sociaux des femmes en Gambie, en Guinée-Bissau et au Sénégal. Ceux-ci se déclinent en termes d'historicité des mouvements sociaux de femmes, de leurs conditions d'émergence, de leurs processus de mise en place, de leurs typologies et aussi de la tentative d'évaluation de leur participation respective dans la conception et la conduite de politiques publiques cohérentes, inclusives et performantes.

Un fait constant, dans les trois cas étudiés, est d'abord que le mouvement social féminin est un agent de changement. Et de façon subséquente, il est à la fois porteur d'innovation, créateur de changement. Il est aussi à noter que son essor et sa consolidation en Afrique de l'Ouest ont été favorisés par le développement de la société civile et la participation accrue des femmes à l'action politique et démocratique, ne serait-ce qu'en tant que principale force de mobilisation pendant les périodes électorales.

Cette posture d'acteur et d'agent de changement, le mouvement social féminin la doit à une sorte de légitimité historique. En effet, aussi bien en Gambie, en Guinée-Bissau qu'au Sénégal, il s'enracine dans l'histoire. En Guinée-Bissau, il a été partie prenante dans la création en 1956 du PAIGC (Parti Africain pour l'Indépendance de la Guinée et du Cap-Vert). D'ailleurs cette date correspond à la création de la première organisation de femmes du pays, à savoir l'Union Démocratique des Femmes (UDEMU). Celle-ci a mobilisé les femmes et encouragé leur participation dans la lutte de libération nationale. D'ailleurs, elle a d'abord été une structure idéologique, faisant de la femme un élément important dans la stratégie de la lutte armée.

Il en est ainsi du Sénégal, où l'une des premières organisations féminines, l'Union des Femmes du Sénégal (UFS), était affiliée à l'Union Progressiste du Sénégal (UPS). En Gambie, les mouvements sociaux féminins prennent véritablement leur envol à partir des années 1960.

Cette longue histoire du mouvement féminin s'enracine dans l'époque coloniale et s'explique donc en partie par leur affiliation politique, en partie par la nécessité des femmes de se regrouper pour mieux mutualiser leurs forces et défendre leurs droits (ce n'est pas hasard si au Sénégal et en Guinée, le mouvement est toujours une « Union »), en partie aussi par la nécessité d'une cohérence entre les enjeux politiques et économiques pour jouer un rôle économique et politique.

Dans ces trois pays, le système socioculturel est informé par le patriarcat. Celui-ci détermine et cautionne la domination des hommes dans les trois sphères (familiale, sociale et politique). Dans ce cadre, même si les femmes jouent des rôles essentiels dans le soutien économique et social des familles, la question du pouvoir demeure essentiellement du ressort des hommes. Dans les trois pays, le domaine reste largement dominé par les hommes, même si les incursions des hommes se notent de façon limitée. A titre d'exemple, même en Guinée-Bissau où les femmes ont payé un lourd tribut pendant la période de la lutte armée, dans la société guinéenne, essentiellement rurale, l'homme est la référence de la constitution et du leadership familial.

A partir des années 75, voire 80, le contexte international a été un moteur de la forte émergence des mouvements de femmes avec, notamment, la décennie des femmes de l'ONU (75-85), la CEDEF/CEDAW de 1975, ratifiée par les trois États et précisément en 1985 par la Guinée-Bissau, qui, 5 ans après Pékin, crée l'Institut de la Femme et de l'Enfant (IMC) pour promouvoir et coordonner l'action gouvernementale et les politiques sectorielles en matière de genre.

D'autres cadres tels que la Déclaration et le programme d'action de Vienne, la conférence de Beijing, la création d'ONU-femmes, la prise en compte du genre dans les politiques africaines et nationales avec, notamment, des départements genre à la CEDEAO, au NEPAD, légitiment la priorisation des questions de genre et l'adoption de l'approche genre dans les engagements et politiques publics.

A l'instar de la Guinée-Bissau, les deux autres pays créent des structures ou des cadres de politiques publiques pour davantage prendre en charge la question du genre. Au Sénégal, une stratégie est déclinée (stratégie nationale pour l'égalité et l'équité genre), un ministère du Genre et un observatoire pour la parité sont créés. Une loi sur la parité est votée en 2011.

En Gambie, c'est la création en 1996 du ministère en charge des questions de femme, sous la tutelle de l'Office de la vice-présidente (fait important à souligner), qui est en même temps ministre de la Femme. La vice-présidente a alors toute la responsabilité de la définition et de la mise en œuvre des politiques en faveur des femmes. C'est dans ce cadre que la Politique nationale pour la Promotion de la femme et de la fille gambienne fut formulée en 1999, à l'issue d'une large concertation et ratifiée par l'Assemblée nationale en 2000.

L'institutionnalisation par les États des questions de genre et de femmes, la définition d'un cadre réglementaire, la création de ministères dédiés à la prise en charge des droits des femmes et une sensible amélioration de la représentation des femmes aux instances de prise décision montrent la volonté manifeste des différents États de donner suite à leurs engagements internationaux. Dans la même perspective, la prise de conscience des discriminations à l'égard des femmes et du rôle moteur que celles-ci peuvent jouer dans l'économie, la stabilité politique, la paix et la sécurité des différents pays a permis la mise en œuvre d'un arsenal juridico-légal de promotion, de protection des droits des femmes et d'une politique de genre.

En Guinée, 20 pour cent de femmes sont membres du Congrès national du Peuple, 11 pour cent dans la présente législature, 3 femmes ministres sur 16 et 28 pour cent de juges femmes. Au Sénégal avec l'institutionnalisation de la parité, 42 pour cent de femmes sont à l'Assemblée, et aujourd'hui deux femmes sont à la tête du Conseil économique, social et environnemental et de la Primature. En Gambie, la vice-présidente a en charge les questions de prise en charge des droits des femmes, 33,3 pour cent de femmes sont membres du gouvernement, 6,5 pour cent sont membres de l'Assemblée nationale, 6 femmes sont chefs de village et 5 femmes conseillères dans chaque commune et communauté rurale.

Pour dégager la typologie des mouvements féminins, les conditions d'émergence, la nature, les actrices, les ressources utilisées, leurs objets de la mobilisation et leurs méthodes d'actions ont été considérés. Il en ressort que la forme minimale des organisations de femmes est l'association de quartiers, de villages ; ensuite les mouvements féminins se déclinent à travers ce qu'il est convenu d'appeler des regroupements d'associations, comme les Groupements de promotion féminine (GPF) au Sénégal, puis viennent les fédérations, qui, d'une certaine manière, regroupent les groupements et autres types d'organisations.

Dans cette optique, la notion de Réseau peut parfois renvoyer, à l'instar de la Gambie, à la fédération avec, en 1961, la création de la fédération des femmes gambiennes qui met en réseau les groupes et associations de femmes pour davantage pousser le gouvernement gambien à reconsidérer le manque de reconnaissance subi par les femmes gambiennes.

En Guinée-Bissau aussi, le REMAP, réseau des femmes africaines ministres et parlementaires, sera créé comme l'une des structures les plus importantes. Il a pour mission de promouvoir l'égalité et l'équité genre par l'adoption de lois et le plaidoyer pour une véritable représentation des femmes dans les instances de décision et de pouvoir. Enfin, la notion de plateforme politique des femmes (PPM) est créée en Guinée-Bissau pour accroître la présence et la participation des femmes dans les organes de décision des partis politiques.

En tout état de cause, au regard de cette typologie, il est partout constaté que la logique qui sous-tend les mouvements féminins repose essentiellement sur la recherche d'une meilleure prise en charge des préoccupations et des droits des femmes, et pour cela il faut davantage responsabiliser les femmes elles-mêmes. C'est dire que la place de la femme, agent et actrice de son propre rôle dans la société, devient fondamentale.

Critiques des mouvements sociaux des femmes

Les trois études avaient pour objectif de comprendre le combat des femmes, leur place réelle et leur potentiel d'être une force motrice dans leur processus d'autonomisation et de mise en place d'un leadership féminin fort dans leurs sociétés respectives. A l'issue de ces études, on peut retenir qu'en dépit des contraintes certaines, les femmes ont encore l'espoir d'accélérer les processus de développement et de transformation structurante dans des sociétés où les barrières culturelles, politiques et financières sont solidement implantées.

Deux grands axes sont identifiés dans la conduite de l'analyse critique des mouvements sociaux de femmes dans les trois pays : un axe positif en termes d'acquis (Atouts-Opportunités), et un axe négatif en termes de limites (Faiblesse-Menaces).

En termes d'acquis fondamentaux, les organisations de femmes ont permis :

- l'amélioration de la situation économique et l'autonomie financière des femmes avec l'accès au crédit, l'accès aux équipements agricoles et aux ressources pour la production, notamment en Gambie ;
- l'éveil et le renforcement des capacités des femmes ;
- le renforcement des liens de solidarité ;
- l'amélioration de la santé reproductive et des conditions sanitaires des femmes, de l'éducation, particulièrement dans l'élémentaire où le taux de scolarisation atteint la parité ou est en faveur des femmes. Il s'améliore beaucoup dans le secondaire et le supérieur ;
- le renforcement de la paix et la sécurité ;
- sur le plan institutionnel, l'adoption du « gender mainstreaming » qui est une approche transversale du genre dans toute action communautaire, régionale et nationale.

En termes de limites, les organisations de femmes sont confrontées à :

- la féminisation de la pauvreté, la surcharge de travail et la faiblesse des ressources ;
- l'analphabétisme (50,4 %), le manque de formation et de leadership ;
- les pesanteurs socioculturelles, notamment la domination des hommes justifiée par le patriarcat ;
- le manque de solidarité féminine et l'absence de synergie dans l'action ;
- le manque de synergie dans les actions entre les organisations de femmes ;
- la méconnaissance des femmes de leurs droits et des politiques publiques en leur faveur ;

- le faible accès des femmes aux instances de décision ;
- l'insuffisance des politiques publiques en leur faveur ;
- l'« arraisonnement des femmes » (termes de Nicole-Claude Mathieu) ;
- l'instrumentalisation des organisations des femmes par l'État et les partis politiques ;
- la professionnalisation et l'« ONGisation » des associations de femmes, surtout au Sénégal ;
- l'absence de cohésion et de vision commune : cloisonnement et dichotomie entre instruites / non instruites, urbaines /rurales, mouvements féminins / mouvements féministes, notamment au Sénégal ;
- la diminution du militantisme et l'essoufflement des mouvements sociaux féminins.

Conclusion

Les trois études se terminent toutes par des recommandations fortes. Il s'agit d'abord de favoriser les synergies d'actions, pour davantage atteindre les objectifs que se sont assignés les mouvements sociaux de femmes. Ensuite, de renforcer leurs capacités institutionnelles, de formation, d'éducation, financière et en ressources humaines, afin d'améliorer ce qu'il est convenu d'appeler la « capabilty », à la suite d'Amirthya Sen. Enfin, de favoriser dans les gouvernements des pays respectifs l'élaboration, la mise en œuvre et l'évaluation de politiques publiques de réduction de la pauvreté et surtout de sa féminisation, et la prise en charge de la dimension genre avec des indicateurs sexo-spécifiques.

Synthèse – Recommandations

Cinq axes résument les fortes recommandations proposées par les différentes études de cas pour renforcer la dynamique des mouvements sociaux féminins dans les trois pays concernés : concertation synergie – renforcements de capacites – actions, programmes et politiques publics – etude et communication – partenariat, financement.

Axe 1 – Concertation synergie

- favoriser une synergie d'actions, projets et programmes des différentes structures de promotion de l'équité genre ;
- favoriser l'organisation interne des mouvements sociaux de femmes pour minimiser les difficultés organisationnelles.

Axe 2 – Renforcement de capacités

* mettre l'accent sur la formation et le renforcement des capacités des femmes ainsi que sur l'éducation des filles et des femmes ;
* renforcer les capacités institutionnelles des femmes par la formation à l'approche en droits humains, en responsabilité citoyenne et en bonne gouvernance ;
* organiser des formations en approche genre, pour les hommes et pour les femmes, pour une meilleure pratique des droits civiques non discriminatoires à l'égard des femmes.

Axe 3 – Actions, programmes et politiques publiques

* renforcer les politiques gouvernementales de réduction de la pauvreté et de participation politique des femmes, fondement politique de l'équité de genre ;
* soutenir et promouvoir les candidatures des femmes dans les instances politiques par une réglementation paritaire ou fixant des quotas, et inciter le vote des femmes pour les femmes ;
* mettre en place des relais de conseil et de suivi pour promouvoir les organisations de femmes.

Axe 4 – Etude et communication

* mettre en œuvre des stratégies d'autonomisation financière des organisations des femmes vis-vis de l'Etat, des partenaires financiers et des ONG ;
* financer les programmes des mouvements de femmes et de la société civile afin de soutenir le changement à la base, en relation avec les partenaires ;
* encourager le dialogue et le partenariat entre la société civile, le gouvernement et les partenaires pour construire un consensus national pour la mise en œuvre d'une stratégie de réseautage des mouvements de femmes.

Axe 5 – Etude et communication

* favoriser la recherche de données sexo-spécifiques pour la mise en œuvre de politiques adéquates dans tous les secteurs de développement ;
* informer, sensibiliser et communiquer largement, pour le changement de mentalité, de comportement et de domination masculine dans la société ;
* favoriser le soutien des hommes à la promotion effective de la femme.

Toutes ces recommandations doivent être assorties de mesures d'application effective de l'arsenal juridico-légal, d'un plan d'action pour la mise en œuvre effective de ces recommandations et d'une forte campagne de plaidoyer à destination des autorités politiques, religieuses et communautaires, détentrices de la prise de décision.

Printed in the United States
By Bookmasters